基于课程标准的高中语文教学方法探究

仲长城 ◎ 著

H.P.H 哈尔滨出版社
HARBIN PUBLISHING HOUSE

图书在版编目（CIP）数据

基于课程标准的高中语文教学方法探究 / 仲长城著. 哈尔滨 : 哈尔滨出版社, 2025. 6. -- ISBN 978-7-5484-8587-2

Ⅰ. G633.302

中国国家版本馆 CIP 数据核字第 20257CC895 号

书　　名：**基于课程标准的高中语文教学方法探究**

JIYU KECHENG BIAOZHUN DE GAOZHONG YUWEN JIAOXUE FANGFA TANJIU

作　　者：仲长城　著

责任编辑：费中会

出版发行：哈尔滨出版社（Harbin Publishing House）

社　　址：哈尔滨市香坊区泰山路 82-9 号　　邮编：150090

经　　销：全国新华书店

印　　刷：北京鑫益晖印刷有限公司

网　　址：www. hrbcbs. com

E-mail：hrbcbs@ yeah. net

编辑版权热线：(0451)87900271　　87900272

销售热线：(0451)87900202　　87900203

开　　本：880mm×1230mm　1/16　　印张：11.75　　字数：229 千字

版　　次：2025 年 6 月第 1 版

印　　次：2025 年 6 月第 1 次印刷

书　　号：ISBN 978-7-5484-8587-2

定　　价：58.00 元

前言

随着教育改革的不断深化，课程标准已成为指导各级各类教育教学活动的重要依据。高中语文教育作为基础教育的重要组成部分，其教学方法的革新与优化直接关系到学生语文素养的提升和综合素质的培养。基于此，本书从课程标准入手，首先对高中语文教学进行系统阐述，明确了本书的逻辑起点；其次对高中语文教学中的思维类型、思维训练以及创新思维的培养进行探究，旨在明确学生学习的思维活动过程；最后，在高中语文教学方法基本理论的基础上对合作学习和探究式学习这两种教学方法进行探究，旨在为教师提供具体可行的教学方案和实践指导，以期能够为高中语文教育的教学方法研究提供新的视角和思路。

此书在撰写阶段，得到了同行与专家的鼎力支持。除了借鉴众多学者的学术成果和论文外，此书也吸收并借鉴了他们的研究成果，对此表示衷心的感谢。由于作者水平有限，书中不可避免地会有一些遗漏或缺陷。所以，作者真诚地邀请所有的学者和读者提出宝贵的建议与反馈，以便今后修改完善。

目　录

第一章　课程标准概述

第一节　新旧课程标准比较

《普通高中语文课程标准（2017年版2020年修订）》（以下简称“2017版课标”或“新课标”）并非对《普通高中语文课程标准（实验）》（以下简称“实验版课标”或“旧课标”）的简单延续，而是在传承其合理内核的基础上，紧密围绕当下语文教学改革所面临的现实问题，对实验版课标展开了全方位、深层次的修订与革新。从宏观层面审视，新课标与旧课标在课程的性质界定、理念阐述、目标设定、结构编排以及内容规划等诸多维度上，既呈现出一定的共通性，又存在显著的差异性。这种相似与不同的交织，构成了两者复杂而多元的关系图景。深入剖析这些异同点，对于精准把握语文教育的内在逻辑与发展方向具有不可忽视的重要意义。

一、课程性质

（一）新旧课标的统一

2017版课程标准与实验版课程标准均将语文课程的核心特质界定为“工具性与人文性的统一”。

所谓“工具性”，并非局限于抽象的语言符号标识，而是指个体在观点形成、情感抒发、思维沟通、思想交流、知识获取、学问研究以及生存发展等诸多过程中所凭借的语言实践活动。这种实践活动是丰富与发展个体内在素养、获取终身学习与适应社会能力的重要凭借。

“人文性”则主要涵盖语言创作所承载的多元思想、丰富情感、价值观念以及审美倾向等人文层面的内涵。

“工具性与人文性的统一”意味着工具性是人文性的载体，人文性则是工具性的精神内核。工具性与人文性相辅相成、缺一不可，二者紧密交织，共同构建起语文课程的完整体系。

新旧课程标准对语文课程“工具性与人文性的统一”这一核心特质的明确界定，对于纠正长期以来语文教学中存在的错误倾向具有重要意义。

其一，以往教学中存在过度凸显语文工具性而忽视其人文性的问题。具体表现为对文本进行肢解式分析，围绕字、词、句、篇、语、修、逻、文以及听、说、读、写等语文要素开展孤立训练。这种做法只见树木、不见森林，忽视了语言作品所蕴含的深厚情感与教育意义，致使教学陷入“技术至上”的泥沼。

其二，存在过度强调语文人文性而弱化其工具性的倾向。表现为过度聚焦于文本的人文内涵解读，而忽视语文知识、方法与技能的培养，以思想情感教育替代语文能力培养。

其三，出现将工具性与人文性分开，形成“两张皮”的现象。具体表现为先进行语文知识、方法与技能的机械训练，再开展思想情感、道德情操与价值观的生硬挖掘，导致工具性与人文性的结合流于形式。

新旧课程标准对语文课程核心特质的阐释，使我们深刻认识到：唯有以工具性为根基，培育人文性，实现工具性与人文性的有机融合，语文教学才能回归正轨。

（二）新旧课标的不同

2017 版课程标准将语文课程界定为“一门学习祖国语言文字运用的综合性、实践性课程”，此界定不仅明确了语文课程学习的核心任务，还指出了达成学习目标的具体路径与方法，是对实验版课程标准的有益拓展与深化。

“学习祖国语言文字运用”这一表述，为语文课程确立了核心目标，凸显了语文课程的本质属性。通过这一界定，我们能够清晰辨别语文学科与历史、政治等人文相关学科在课程任务层面的本质差异。语文学科以“学习祖国语言文字运用”为核心使命，具体包括引导学生积累语言经验、洞察语言文字的内在特性与规律、深化对语言文字的认知与热爱，以及培养运用语言文字的实际能力。相较之下，其他学科仅将语言文字视为课程学习的辅助工具，而非核心任务。唯有当教师以“学习祖国语言文字运用”为核心导向时，方能真正坚守语文学科的领域边界，避免将其异化为政治课、历史课等其他学科。

“综合性、实践性”为语文课程的学习提供了清晰的路径指引与方法论依据。

“综合性”特质贯穿于语文课程的学习内容与方法之中。在学习内容层面，语文课程不仅涵盖丰富的文本素材，还涉及文化、艺术、科学等多领域知识的融合；在学习方法层面，强调将传统的读、说、听、写等技能与日常生活经验、其他学科知识及实际应用场景有机结合。通过拓展语文学习的范畴与边界，促使学生在多元内容与方法的交互融合中拓宽视野、提升学习效能，并培养出契合现代社会需求的语文综合能力。新课标中提出的“学习任务群”理念，以项目为载体，整合学习情境、内容、方法与资源，充分彰显了语文课程的“综合性”特征。

“实践性”特征为语文课程的教学提供了明确的实施路径。新课标明确指出，语文课程应引导学生在真实的语言运用情境中，通过自主的语言实践活动，积累言语经验，把握祖国语言文字的特点和运用规律，加深对祖国语言文字的理解与热爱，培养运用祖国语言文字的能力。简而言之，语言实践活动是语文素养形成的动态过程。鉴于语文课程具有显著的“实践性”特征，语文教学应着力引导学生将学习融入日常生活、实践操作以及知行合一的探索中。

二、课程理念

新旧课程标准的课程理念如表 1-1 所示。

表 1-1 新旧课程标准的课程理念

版本	课程理念
实验版课程标准	1. 全面提高学生的语文素养，充分发挥语文课程的育人功能 2. 注重语文应用、审美与探究能力培养，促进学生均衡而有个性地发展 3. 遵循共同基础与多样选择相统一的原则，构建开放、有序的语文课程
2017 版课程标准	1. 坚持立德树人，增强文化自信，充分发挥语文课程的育人功能 2. 以核心素养为本，推进语文课程深层次的改革 3. 加强实践性，促进学生语文学习方式的转变 4. 注重时代性，构建开放、多样、有序的语文课程

新课标将“立德树人”确立为课程理念的核心要义，进一步指出了语文教育的根本价值。新课标明确提出“弘扬民族精神，融入社会主义核心价值观教育，培养热爱中华文明、热爱祖国、热爱人民、热爱中国共产党的深厚感情，以及热爱美好生活和奋发向上的人生态度，使学生逐步形成自己的思想、行为准则，增强为中华民族伟大复兴而

努力的历史使命感和社会责任感。……引导学生积极参与实践活动，学习认识自然、认识社会、认识自我、规划人生”等一系列育人目标。语文教师应坚守立德树人的教育立场，充分挖掘语文课程在传承与弘扬中华优秀传统文化、革命文化及社会主义先进文化方面的独特优势，将知识传授与价值引领有机融合，为落实“立德树人”根本任务提供坚实支撑。

新课标在强调提高语文素养的同时，提出了“以核心素养为本”的理念。学科核心素养作为学科教育的价值内核，集中体现为学生在学科学习中逐步形成的正确价值观念、必备品格与关键能力。“以核心素养为本”的教育理念，彰显了教育对人的全面发展的终极关怀，标志着语文教学从知识本位向育人本位的方式转变。新课标中的“以核心素养为本”理念，实质上是对实验版课标“全面提高学生的语文素养”思想的深化与拓展，为语文教育提供了更为明晰的实践路径。

新课标将“加强实践性，促进学生语文学习方式的转变”作为核心命题。这一命题既是对语文课程实践属性的本质回归，也是对传统教学中过度聚焦课堂讲授、文本分析、机械训练，割裂语文学习与社会生活联系，忽视学生真实语言运用能力培养等弊端的纠偏。相较于传统课标，新课标更加凸显了实践在语文教育中的基础性地位，强调通过真实情境中的语言实践，实现语文能力的迁移与内化。

新课标更加强调与时代发展的同频共振。新课标明确要求，普通高中语文课程应契合社会对多元化人才的需求与学生对语文教育的期待。在跨文化、跨媒介的语文实践中，应拓展学生的认知视野，为其个性化发展提供更广阔的空间。同时，教师应主动开发课程资源，创新实施路径。在信息化时代背景下，教师应积极运用新技术、新媒介，构建开放、多元、有序的语文课程体系，确保学生的语文素养发展能够顺应社会变革与时代进步的需求。这对高中语文教师在课程资源开发、技术应用及方法创新等方面提出了新的时代要求。

三、课程目标

实验版课程标准以“知识和能力”“过程和方法”“情感态度和价值观”三维架构为设计基点，构建了“积累·整合”“感受·鉴赏”“思考·领悟”“应用·拓展”“发现·创新”五大课程目标体系，形成知识习得、能力培养与价值塑造的立体化育人框架。2017 版课程标准则以学科核心素养为统领，确立了 12 项具体课程目标，标志着课程目标从三维层面向素养整合的方式转型。通过对比分析可以清晰地看到素养型目标之间的紧密联系和其发展趋势。

（一）从语文素养到语文学科核心素养

尽管实验版课程标准率先提出“语文素养”概念，但未对其内涵做出明确界定，引发了学界广泛争议。国家基础教育课程改革语文课标组组长巢宗祺在《普通高中语文课程标准（实验）解读》中指出，语文素养包括字词句篇积累、语感、思维品质、学习方法与习惯、语言运用能力（含识字、阅读、写作、口语交际）、文化品位、审美情趣、知识视野、情感态度及思想观念等要素，是指学生在语文方面表现出的比较稳定的、最基本的、适应时代发展要求的学识、能力、技艺和情感态度价值观，具有工具性和人文性统一的内涵。此乃学界首次对语文素养做出权威阐释，对厘清语文素养本质属性具有里程碑意义。

2017 版课程标准则对语文学科核心素养做出了系统性建构：其一，从实践路径维度，将其界定为学生在积极的语言实践活动中积累与构建起来的能力；其二，从目标指向维度，强调其在真实的语言运用情境中表现出来的语言能力及其品质；其三，从表征形态维度，揭示其为语言知识与语言能力，思维方法与思维品质，情感、态度与价值观的综合体现；其四，从内容构成维度，明确其包含语言建构与运用、思维发展与提升、审美鉴赏与创造、文化传承与理解四大核心要素。

从“语文素养”到“语文学科核心素养”的演进，虽未改变语文课程的基本属性与育人价值，但实现了课程目标体系的方式转型：由模糊笼统转向精准清晰，由单一维度转向多元复合，由经验描述转向理论阐释，由知识本位转向素养本位。这一转变标志着语文课程目标从“应知应会”向“必备品格和关键能力”的跃迁，为语文教育现代化提供了更为科学的理论框架与实践指引。

（二）目标从相对抽象到具体化

实验版课程标准提出了“积累·整合”“感受·鉴赏”“思考·领悟”“应用·拓展”“发现·创新”五个目标体系。其中，“积累·整合”聚焦于学生语文核心技能的内化，强调通过梳理、融通与建构，实现语文素养的实质性提升，其核心在于培养具有个性化特征的学习方式。“感受·鉴赏”“思考·领悟”“应用·拓展”分别从审美感知、思维探究、实践迁移三个维度切入，形成语文素养发展的立体化路径，旨在促进学生在语言运用、思维发展与审美创造等层面协同发展。而“发现·创新”是在前四个目标的基础上的更高要求，要求学习者在语言实践中通过观察、探究与反思，实现认知图式的迭代更新，最终达成思维表达与探究能力的突破性发展。尽管这几个目标体系各有侧重，但存在两个显著缺陷：其一，整体目标缺乏层级化分解，各维度间的衔接机制未予以明示，导致教学过程中易出现目标割裂现象；其二，目标描述的抽象性过高，实践中操作性较弱，给一线教师的教学转化带来了一定困难。

新课程标准将学科核心素养的四个方面具体化为 12 项内容，每一个方面都有具体的 3 个目标与之对应（见表 1-2），从而有效规避了实验版课程标准五大目标相对抽象的问题，为语文教学实践带来了方便。

表 1-2 语文核心素养与课程目标

语文核心素养	语文课程目标	
语言建构与运用	1	语言积累与建构
	2	语言表达与交流
	3	语言梳理与整合
思维发展与提升	4	增强形象思维能力
	5	发展逻辑思维
	6	提升思维品质
审美鉴赏与创造	7	增进对祖国语言文字的美感体验
	8	鉴赏文学作品
	9	美的表达与创造
文化传承与理解	10	传承中华文化
	11	理解多样文化
	12	关注、参与当代文化

四、课程结构与内容

2017 版课程标准与实验版课程标准在课程结构与内容上有明显的不同。两版的课程结构对比如表 1-3 所示。

表 1-3 两版的课程结构对比

版本	具体内容
实验版课程标准	高中语文课程包括必修课程和选修课程两部分。 必修课程包含“阅读与鉴赏”“表达与交流”两个方面的目标，组成“语文 1”至“语文 5”五个模块。每个模块都是综合的，体现了“阅读与鉴赏”“表达与交流”的目标和内容。必修课程五个模块的学习可在高一至高二两个学期半的时间里循序渐进地完成，也可以根据需要灵活安排。 选修课程设计分为五个系列。 系列 1：诗歌与散文。 系列 2：小说与戏剧。 系列 3：新闻与传记。 系列 4：语言文字应用。 系列 5：文化论著研读。 每个系列可设计若干模块。学校应按照各个系列的课程目标，根据本校的课程资源和学生的需求，有选择地设计模块，开设选修课。对于模块的内容组合以及模块与模块之间的顺序编排，学校可以根据实际情况灵活实施。课程的具体名称可由学校自定。
2017 版课程标准	普通高中语文课程由必修、选择性必修、选修三类课程构成。三类课程分别安排 7—9 个学习任务群。中华优秀传统文化、革命文化和社会主义先进文化方面的内容始终贯穿必修、选择性必修、选修课程。 必修课程 7 个：“整本书阅读与研讨”“当代文化参与”“跨媒介阅读与交流”“语言积累、梳理与探究”“文学阅读与写作”“思辨性阅读与表达”“实用性阅读与交流”。 选择性必修课程 9 个：“整本书阅读与研讨”“当代文化参与”“跨媒介阅读与交流”“语言积累、梳理与探究”“中华传统文化经典研习”“中国革命传统作品研习”“中国现当代作家作品研习”“外国作家作品研习”“科学与文化论著研习”。 选修课程 9 个：“整本书阅读与研讨”“当代文化参与”“跨媒介阅读与交流”“汉字汉语专题研讨”“中华传统文化专题研讨”“中国革命传统作品专题研讨”“中国现当代作家作品专题研讨”“跨文化专题研讨”“学术论著专题研讨”。

通过对表 1-3 的分析可见，新版课程标准在结构框架与内容体系层面实现了多维革新。

其一，课程结构呈现显著突破。新增的选择性必修课程模块，不仅彰显了语文课程的综合化、差异化特质，更精准对接了学习者的个性化发展需求，构建起“基础－拓展－进阶”的立体化课程体系，有效破解了传统课程“一刀切”的弊端。

其二，课程组织方式发生根本转型。旧版课程以知识单元为组织基点，侧重碎片化知识传授，忽视学习情境的沉浸式建构。新版课程则以学习任务群为载体，通过情境化、任务化的课程设计，实现学习内容、方法、资源与情境的深度融合。每个任务群均配置明确的教学目标、内容框架与实施建议，形成“目标导向—任务驱动—资源支持—评价反馈”的完整教学链条，显著提升了课程实施的针对性和指导性。

其三，文化传承层面实现体系化升级。课程将中华优秀传统文化、革命文化与社会主义先进文化有机融入必修、选修及选择性必修课程中，构建起“三位一体”的文化传承体系。这种贯穿全学段的文化浸润机制，既夯实了文化根基，又彰显了时代价值，为“立德树人”的根本任务提供了坚实的课程支撑。

其四，课程形态创新凸显时代特质。首次纳入的“整本书阅读与研讨”“当代文化参与”“跨媒介阅读与交流”等任务群，不仅创新了传统阅读教学模式，更培养了学生在全媒体时代的语文核心素养。这些创新模块既强化了经典阅读的方法论指导，又搭建了文化参与的实践平台，同时帮助学生适应数字化生存背景下语文学习方式的转型，彰显了课程的时代敏感性与前瞻性。

第二节　新课程标准关键概念

2017 年版课程标准首次引入了如语文学科核心素养、学习任务群、项目学习等词语，深刻理解这些关键概念，是高中语文课程得以正确实施的重要基础和前提。

一、语文学科核心素养

2017 年版课程标准对语文学科核心素养做出创新性界定：语文学科核心素养是学生在积极的语言实践活动中积累与构建起来，并在真实的语言运用情境中表现出来的语言能力及其品质；是学生在语文学习中获得的语言知识与语言能力，思维方法与思维品质，情感、态度与价值观的综合体现。其核心架构由四部分构成：“语言建构与运用”“思维发展与提升”“审美鉴赏与创造”“文化传承与理解”。

（一）核心素养的主要特点

1. 综合性

语文学科核心素养不仅涉及语言知识与能力，还包含思维方式、品质、情感、态度和价值观等多个层面。不过，语文学科核心素养并非这些要素简单拼凑而成，而是这些方面综合运用的成果。例如在文学鉴赏过程中，学生需要运用语言知识来解构文本（语言能力），通过批判性思维来提炼主题（思维品质），并在审美体验中形成自己的价值判断（情感态度），这一过程是相互渗透、相互融合而成的。

2. 以学生为主体

语文学科核心素养是在学生积极的语言实践活动中逐步塑造与发展的，在教学过程中必须以学生为中心，要求教师充分激发并调动学生参与的积极性。

3. 可操作、可观察

语文学科核心素养体现于在真实语言应用场景中展现出的语言技能及其内在特质。因此，教师可以借助真实的语言应用场景，依据学生的语言表达情况，来观察判断他们的素养是否达到相应标准。例如，教师可设计“问题解决型”任务（如辩论、创意写作、文化阐释），通过观察学生在情境中的语言表现（如逻辑性、创造性、文化敏感性），建立“情境－任务－表现”三位一体的评价体系。

（二）语文核心素养的内涵及其关系

新课标将语文学科核心素养分解为四个方面，并做了概括性解释，如表 1-4 所示。

表 1-4 语文学科核心素养的内涵

核心素养	内涵		
语言建构与运用	积累与语感	整合与梳理	交流与语境
思维发展与提升	直觉与灵感	联想与想象 实证与推理	批判与发现
审美鉴赏与创造	体验与感悟	欣赏与评价	表现与创新
文化传承与理解	意识与态度	选择与继承 包容与借鉴	关注与参与

语文学科核心素养的四个维度形成了一个紧密相连的整体。语言既作为人们日常交流的核心工具，又承担着支撑思维运转的重要角色；语言能力的精进与思维能力的成长彼此交织、协同共进。语言文字不仅是文化得以延续传播的媒介，更是文化体系本身的构成要素；掌握语言文字不仅是学习知识的方式，更是深入理解文化内核的关键路径。

语言文字作品是人类审美活动聚焦的重要客体；语文学习构成学生审美能力与审美品质提升的核心路径。语言的建构与运用是语文学科核心素养的根基所在。在语文教学实践过程中，学生的思维拓展、审美鉴赏水平的提升，以及文化传承与理解能力的深化，均以语言建构为依托，并贯穿于学生语言经验持续积累与发展的全过程。

二、学习任务群

新课程标准明确指出：依据祖国语文的鲜明特点和高中生学习语文的客观规律，语文教学应当以语文学科核心素养作为贯穿始终的主线，以学生实际的语文学习经验为关键核心来搭建“语文学习任务群”。语文学习任务群以语文学科核心素养为纲，以任务为导向，以学习项目为载体，把学习情境、学习内容、学习方法以及学习资源加以整合，引领学生在运用语言的实践过程中提升语文素养，将多个学习项目共同汇聚成了一个完整的学习任务集合。

通过上述描述，能够更深入地领会语文学习任务群的内在含义与独特之处。

（一）以核心素养为纲

语文学科核心素养贯穿于 18 个学习任务群，每个学习任务群都指向学科核心素养，从不同侧面或角度为达成学科核心素养提供支持。

（二）以实践为主线

学习任务群以“语言实践中的素养提升”为核心目标，通过阅读、鉴赏、表达、交流、探究等实践形态，构建“做中学”的语文能力发展路径。新标准对“实践性”的界定，本质上是将教学重心从教师主导的知识传递转向学生主体的语言运用，使课程实施回归语文学科本质属性——语言作为工具性与人文性统一的实践载体。

（三）以项目为载体

项目属于由多个要素构成的有机整体，展现出显著的综合性特征。要完成一个项目，往往需满足各类前提条件，探寻多种可行路径，并运用多样化的手段与方法。项目本身具备较高的挑战性，并非轻易就能达成，需要个人或团队投入大量时间与创造性精力。以项目作为素养提升的载体，就是通过整合学习情境、学习内容、学习方法以及学习资源，为学生设计兼具综合性与一定挑战性的学习任务，让学生在持续且深入的学习过程中提升自身素养。

新课程以语文学习任务群为核心的课程设计，和传统课程有着明显区别：尽管课程里包含文本内容，但并非以文本作为主线；虽然涵盖知识，但不刻意追求知识的完整性与系统性；尽管安排了训练环节，但不会将其单纯当作技巧进行细致拆分训练。新课程的设计着重综合思考语言、知识、技能、思维情感以及文化修养等多个维度与层次的目标，而非仅仅针对学科知识展开逐点剖析，或是按照学科技能进行线性罗列与衔接。

三、项目学习

新课程标准在阐释“语文学习任务群”这一概念时，明确表明语文学习任务群“以任务为导向，以学习项目为载体”；在教学与评价的相关建议里，清晰提及：“加强课程实施的整合，通过主题阅读、比较阅读、专题学习、项目学习等方式，实现知识与能力，过程与方法，情感、态度与价值观的整合，整体提升学生的语文素养。”

项目学习，也称作“项目化学习”、“项目式学习”或“基于项目的学习”，虽然在具体表述上存在差异，但它们均源自 Project-Based Learning（简称为 PBL）。

杜威的实用主义哲学教育理念是项目学习的最初源头。杜威认为，有价值的经验是由学习者与所处环境中的各类事物、情境和事件持续互动形成的。他主张教育应鼓励学生在真实情境中思考并解决问题。而杜威的学生克伯屈，从学习心理学与教育学的视角提出了“项目教学法”，他觉得项目学习是在特定的社会环境里开展的，需要参与者全身心投入且有计划地开展行动。

美国巴克教育研究所发布的《项目学习教师指南》中，将以课程标准为核心的项目学习界定为一种系统化的教学方法。该方法强调，项目学习不只是对复杂且真实问题的探究，更是一个精心规划、设计并执行项目任务的过程，在此过程中，学生能够掌握所需的知识与技能。托马斯明确指出，项目学习是一种以项目为中心的探究式学习模式。项目本身是一项复杂任务，为达成项目目标，学习者需要参与项目设计、解决问题、做出决策，最终通过陈述或交付实际成果来完成项目。

部分专家持有这样的看法：倘若项目学习的设计科学合理，学生在语文学习过程中，能够围绕特定任务，借助自主的语言实践活动，将所学知识转化为实际能力，并在真实情境中将其内化为个人素养。在“教育 2030：未来的教育与技能”这一项目中，经济合作发展组织（OECD）着重强调课程内容框架应重视以核心观念为基础的学科内容整合。在未来的课程设计里，怎样依据大致概念来组织学科知识内容，以及如何强化内容设计与结构化，或许会成为需要重点关注的要点。

第二章　高中语文教学概述

语文学科作为教育体系中的基础性学科，长期以来被视为学习过程的核心支柱，对其他学科知识体系的构建与深化具有不可替代的支撑作用。鉴于语文素养对于学生综合能力的塑造具有根本性影响，深入推进语文学科的系统性学习显得尤为关键。当前，教育领域正经历着新一轮的课程改革浪潮，新课程标准对语文教学提出了更高的要求。在此背景下，高中语文教学的改革不仅具有紧迫性，更成为教育现代化过程中的必然选择。随着新课程改革理念的逐步渗透，高中语文教学在实践操作层面与理论建构层面均取得了突破性进展，但在教学改革过程中仍存在若干亟待突破的瓶颈问题。下面主要在分析高中语文课程教学理念、内涵、特点、影响因素的基础上，探讨了高中语文教学存在的问题，并提出了高中语文教学的具体对策。

第一节　高中语文课程的基本教学理念

一、发挥育人功能，提高语文素养

高中语文课程的架构，植根于九年义务教育阶段语文课程所应达成的核心目标。鉴于此，高中语文教学不应局限于基础知识的传授，而应聚焦于学生语文综合素养的全面提升，实施全方位的教育与培养。

高中语文课程应当充分挖掘语文的教育价值，以全方位提高学生的语文素养。具体而言，需遵循以下两大核心原则。

其一，坚守语文课程的教育优势性原则。语文课程作为中华文化的重要载体，蕴含着丰富的人文情感与精神内涵，这赋予了其独特的教育价值与实施路径。从人文情感培育的角度审视，语文课程应侧重于学生人文素养的熏陶与塑造；而从教育方法论的角度思考，则需通过审美体验、追求真理、弘扬善行等多种途径来实现教育目标。唯有从这两个角度协同发力，才能够充分释放语文课程的教育潜能，使学生在深厚的文化中得到滋养，进而培养出对祖国的热爱、对中华文明的自豪，为人类社会的进步贡献力量，并形成积极向上的人生态度。

其二，遵守语文课程的开放性原则。语文课程作为中华文化传承与创新的桥梁，其展现的认知方式、情感表达、思维模式及价值观念，不仅映射着文化历史的演进脉络，也折射出了时代的变迁，更在一定程度上预示着未来的发展方向。因此，为确保高中语文课程能够切实履行其教育与育人的使命，并全方位提升学生的语文能力，应当加强课程内容与社会发展、科技进步及学生个人成长的紧密联系，鼓励学生积极参与各类实践活动，以促进其更好地理解社会、认识自我、规划未来。这一过程在促进学生走向自主、自立的教育征程中，扮演着举足轻重的角色。

二、注重能力培养，促进学生均衡、个性发展

从高中语文课程的本质属性及三维教育理念的深层内涵出发，高中语文课程实质上肩负着双重使命：一是育人；二是育能。

高中语文课程的教育目标聚焦于学生语文能力与素养的全方位提升。尽管语文素养内涵丰富多元，但核心可归结为两个方面：一是汉语文化修养；二是汉语文化教养。就前者而言，汉语文化修养的培养旨在促进学生在汉语文化情感、思想、精神及知识等层面的综合发展，以期使学生成长为具备深厚母语文化底蕴的个体；就后者而言，目标则聚焦于塑造学生在汉语文化语境下的人格特质，培育其对汉语文化的尊重、自尊，以及自信自强的精神风貌，从而奠定其学习做人、生活、劳动及创新的文化根基。

高中语文课程的教育目标还致力于学生在语文应用、审美及探究能力上的均衡发展，并在此基础上，进一步激发学生的个性化能力成长。

在高中语文课程实施过程中，为有效培养学生的实际应用能力，须以学生现有的应用技能为基石，强化语文的实践应用性，特别是在口语表达、阅读理解、综合实践及写作训练等方面；同时，应注重语文学习与日常生活的紧密结合，以及与社会时代变迁的同步发展，以此培养学生认真负责、实事求是的科学态度；此外，还需重视语文课程的综合性与生态化特征，加强与其他学科的交流融合，更新课程内容，以符合现实生活

与学生自我发展的需求。

为提升语文的实际运用能力，不仅要保证每个学生都能保有个性特质，还要推动其在知识储备与情感素养方面获得全方位发展，而审美教育能够帮助学生在知识与情感的维度上实现全面的提升。审美教育不仅旨在促进学生在知识、情感及意志层面的全面发展，更致力于实现学生身心的和谐健康成长，以满足其未来生活与发展的多元化需求。高中语文课程承担着审美教育的重任，将培养学生审美能力作为基本教学任务，其根本原因在于“语文具有独特的审美教育功能”。高中语文课程在审美教育领域的关键作用，源于其内容所涵盖的丰富文章、作品、文学、科技及思想深度。为充分发挥审美教育的效用并全方位提升学生的审美能力，高中语文课程需深入挖掘并关注学生的情感成长，确保学生受到美的熏陶，培养其审美意识、高尚的审美情趣，提升其审美感知与创新能力。

简而言之，培养语文审美观念是推动语文应用技能个性化的重要途径，而培养语文探究能力则是确保语文应用技能具备创新精神与品格的关键所在。

三、构建开放有序的语文课程

（一）构建开放有序的语文课程的原则

语文课程旨在培养学生的共同素养根基，其核心使命在于保障学生能够自如且恰当地运用母语与文化。这一能力不仅体现在口头表达与书面写作技能之中，更延展至语文的实际运用、审美鉴赏及深度探究等多个层面。语文教育致力于学生的全面发展，具体而言，即引导学生学会为人处世、理解生活、认识世界及独立思考。进一步而言，则是培养学生追求真理、创造美好、践行善良的能力、品质与精神。

学生共同素养的奠定，构成了语文课程的基础教育框架；而在语文课程中，学生独特个性的培养则成为创造性教育的核心。在融合基础教育与创造性教育的过程中，必须坚守共同基础与多元选择相统一的原则。此原则强调，高中语文课程应依据既定目标，精选与时代发展相契合的学习材料，革新传统学习方法，确保学生具备参与社会活动所需的语文能力。同时，需充分考虑学生在基础知识、成长方向及学习需求等方面的差异，以激发其内在潜能，丰富课程选择，为学生提供更优质的学习环境与更广阔的发展空间，促进其特长与个性的全面发展。

（二）构建开放有序的语文课程实施机制

高中语文教育的核心任务在于培养学生的共同素养根基与个性化发展，这要求遵循“共同基础与多样选择相统一”的教学原则。这一教学原则要求，高中语文课程应从三个维度构建灵活有序的实施体系：其一，构建涵盖全球视野、贯通古今中外、紧密结合生活实践的三维课程实施框架；其二，在维持“相对稳定的结构系统”的基础上，构建弹性课程实施机制，以适应不同学校与不同学生的需求，顺应社会发展潮流；其三，以学校为基本单位，构建具有个性化特色的课程资源体系。基于此，各学校应依据自身教学条件与学生需求，有选择性、创造性地设计并实施课程。同时，各学校还需要积极开发与利用各类课程资源，构建互补互动的资源网络，以促进教师教学个性与专业特长的发挥，并顺应时代发展需求，构建开放、多元、有序的语文课程体系。

第二节　语文教学的内涵与特点

一、语文教学的内涵

我国的语文教学是一种学生在教师的指导下，学习掌握语言，运用语言进行言语实践，训练提高言语技能的学校教学活动。

我们在系统剖析语文教学的内涵时，通常将其视为一种综合性概念，融合了口头表达、书面写作、文学与文化素养等多重相互交织、彼此影响的要素；语文教育的深层意蕴由三大核心要素所构成：语言要素——即语言文字的独特属性；社会要素——涵盖社会制度架构、教育政策导向以及文化生态背景；科学要素——包括语言科学、教育科学及其他相关学科的发展态势。语文教育的核心过程主要通过语言的认知、意图的传递以及书面语言的训练来提升学生个体思维、理解与表达的综合能力与素养。

审视传统语文教学的内容体系可以发现，其主要涵盖了识字教育、书法训练、阅读理解与写作表达这四大领域。在语文教育的实施框架中，教学内容主要由三大支柱构成：语言教学（包括识字与写字训练）、文本的读写教学（涵盖文言文教学）以及文学作品的鉴赏教学，其中语言教学占据主导地位。

从教育目标与任务的视角出发，存在两种主流观点。第一种观点主张，语文教育的根本宗旨在于培养学生在阅读、写作、听力与口语等维度运用语言工具的综合能力，即口头表达能力。语文教育的核心目标是强化学生的语言技能，并始终将提升学生的语言品质，尤其是口头表达能力，置于首要位置。第二种观点则提出，语文教育的三大目标与职责包括：首先是培养学生对真、善、美的认知与接纳能力；其次为提升学生的文学素养；最后为帮助学生掌握一定程度的语文技能，即熟练运用文字与语言的能力。

从教学方法层面分析，语文教学是教师在引领学生实现语文学科既定教学目标过程中所采用的一系列方法与手段，重点围绕以教材为核心的课堂教学、实践练习以及课外阅读辅导等方面展开。语文教学的关键在于，在学校课堂情境下，以特定阅读文本为依托，依照预先规划好的教学方案与流程，由教师运用特定教学方式开展教学。在教师的引导与辅助下，学生得以学习、训练并提升运用母语开展读、写、听、说等实践活动的能力，即我们所说的言语能力。

从语文教学的多维视角审视，语言教学占据不可或缺的地位，构成语文教学的核心要素。

二、语文教学的特点

（一）听说读写并重

听说读写并重既强调了语文教学的特点在于培养听说读写的基本能力，也表明了对各项能力间关系的认识。

听话能力、说话能力、阅读能力以及写作能力，是对语文基础技能展开科学剖析与精准提炼的核心要点。说到底，这四种能力是借助语言来抒发情感、传递信息的基础支撑。所以，语文教育的核心任务在于着力增强学生在上述四个层面的能力，而这也恰恰是语文教育与其他学科教育之间最为显著的区别。

听、说、读、写这四项能力都极为关键，其中听和读体现为对语言信息的接收汲取，而说和写表现为对语言信息的传递输出，这两方面有着紧密的内在关联。所以，在高中语文教学里，这四种能力应当被给予同等关注，既要明晰它们的共通之处，也要知晓它们彼此的差异，同时依据其内在规律开展协同训练，从而保障学生的语文能力能获得均衡发展。

（二）语言训练与思维训练联系密切

这是由语言和思维之间的关联所决定的。语文技能本质上是对语言的综合运用，而语言运用与思维活动是紧密相连、不可分割的。智力是语言的基础支撑，语言则是思维的工具。所以，在开展语言训练时，也须同步进行思维训练，把语言训练和思维训练结合起来，进行系统、周全的规划与安排。

思维能力在智力结构中处于核心地位，促进智力发展是高中语文教学的重要目标之一，而这一目标是在语言训练过程中达成的。

语言训练中的思维训练还呈现出多样性的特征。首先是思维形式的多样性，比如以提炼共性为核心的求同思维，从不同视角展开分析的求异思维，以及抽象思维、形象思维和创造性思维等。此外，鉴于语言与思维之间存在天然的内在联系，我们可以借助语言训练来开展多种不同的思维训练方式，例如在阅读训练里可以进行剖析、整合、提炼与归纳；在写作训练中，可以侧重于判断与推导；而在文学鉴赏时，则可以着重于形象思维能力的培养。

（三）课内与课外的有机结合

在语文教学中，课内与课外的有机融合彰显了语文学科的社会属性。社会为学生提供了广阔的语言学习与应用空间，语文教育的核心特征之一即社会性。自语言启蒙之初，个体便在社会语境中接受语言训练，直至熟练掌握语言这一表达工具。此训练过程持续不断、潜移默化，其他学科难以提供此类学习环境。因此，高中语文教学应为学生社会知识的获取奠定基础。语文教育应充当教材与社会语言背景之间的桥梁，旨在实现课堂教学与课外活动的深度融合，确保语言训练与社会实践紧密结合。

将课外活动仅视为课堂教学的补充与延伸是不够的。课内活动与课外活动同等重要，应将语文课外活动纳入教学规划，以实现课内课外的相互渗透、协调与促进，共同达成语文教学目标。

第三节　高中语文教学的影响因素

一、教师因素

在高中语文教学的实践过程中，教师这一角色具有举足轻重的地位，其教学行为对整体教学效果产生决定性影响。在语文课堂实施过程中，教师主要承担两大核心职能，即教学过程的主导者与学习活动的引导者。作为合格的语文教师，首要任务便是确保自身普通话发音的规范性。然而，受限于个体差异，并非所有的语文教师均具备标准普通话发音能力，因此，教师可借助广播、多媒体等现代技术手段弥补发音短板，确保学生接收信息的准确性。在词汇、句子及篇章教学环节，教师需融入阐释性内容，针对疑难词汇进行反复讲解。

在多数语文课堂中，教师话语占据主导地位。尽管教师言语对培养学生的语言运用习惯具有积极作用，但需避免过度占用学生实践时间。教师应持续优化教学方法，增强课堂吸引力。优秀语文教师不仅需要具备应变能力，还需预判课堂情境，妥善处理突发状况，确保教学秩序。

此外，语文教师应灵活调整提问策略、语言运用方式及反馈机制。在语文课堂中，提问是最为常用的教学策略。有效提问，可以激发学生学习兴趣，促进主动思维，引导并帮助其理解特定知识体系。

语言运用方式也同样关键。为深化学生对教学内容的理解，教师可采用重复表述、降低语速、增加停顿、调整发音、变换用词、简化语法及重构语篇等方式。

在高中语文教学中，学生作为反馈主体具有重要作用。同样，教师反馈亦具有关键价值。此处所指的反馈，是教师对学生学习状况的回应。教师反馈可表现为对学生发言的回应，如确认回答正确性、给予表扬与鼓励、拓展回答内容、重复学生表述、总结学生观点及提出批评等。

简而言之，教师的核心目标在于运用多元教学策略，激发学生学习热情，拓展其知识维度，提升其学习技能，最终实现教学效果的优化。

二、学生因素

（一）语言学习观念

所谓的语言学习观念，是指学生在语言学习过程中的观点和看法。对于语言学习的观点，可以从多种角度去解读，其特点具体如下。

1. 稳定性

在学生的知识储备结构中，语言学习观念占据了一个至关重要的位置。

2. 可描述性

学生有能力通过给出提示或者回忆来阐述他们的语言学习观念。

3. 易错性

学生的学习观念都是在各种不同情况下形成的，并非都是正确的。

4. 交互性

学习观念对学习中的很多因素都会产生深远影响，学生的学习策略和学习方法的选择都会受其影响。

学习观念被认为是影响学生学习过程最关键的内部因素之一。大量的高中语文教学实践研究表明，成功的语言学生对于自己的学习策略和学习方法的选择、自身的知识水平等都有深刻的认识，因此能够针对不同的语言学习任务选择合适的语言学习方法和策略，以便于快速高效地完成任务。不成功的学生则对于任务的完成抱有一种消极的心态，这样也不利于其学习策略的选择和任务的完成。

（二）学习潜能

在语文学习的范畴内，学习潜能被界定为认知层面的重要组成部分，其本质体现为一种能力演进态势。实际上，所谓学习潜能，指的是学生是否具备语言习得的特殊禀赋。在多数情形下，倘若我们期望切实提高学生的语文水平，那么培养他们的综合技能便是关键所在，而学生的学习潜力恰好能作为衡量其语文学习能力的依据。

需要着重指出的是，学生之间在学习潜力方面存在明显差异。因此，在高中语文教学过程中，教师需依据学生的具体状况来制定适宜的教学策略，如此才能有效提高教师的教学成效与学生的学习能力。

（三）智力水平

智力，与学习潜能类似，也属于人类认知能力的范畴。其定义涵盖卓越的观察力、想象力、记忆力及逻辑思维能力的综合呈现，在培养抽象思维、掌握语言技能及问题解决的过程中，发挥着举足轻重的作用。学生智力水平反映了其所能企及的认知高度，对高中语文教育产生着深远且持久的影响。

在高中语文教学过程中，教师需对学生智力水平形成清晰认知，此举有助于采取适宜方法，传授语文学习策略与技能。同理，学生对自身智力水平有明确认知，亦有助于构建个性化语文学习方法，并灵活应用于实践情境，从而实现顺畅交流。

（四）学习动机

学习动机就是通过激发学生的学习活力，使学生朝着既定的目标或方向努力的一种心理状态，它直接推动学生不断培养自身学习方法，提升自身的语文水平。

三、教学方法因素

在高中语文教育实践过程中，诸多教学方法均扮演着不可或缺的角色，有力地促进了高中语文教育的蓬勃发展。这些教学方法体系既包含直接法、听说法、视听法、认知法、功能法等基础范式，亦涵盖由此衍生出的口语法、全身反应法、自然法、暗示法、沉默法以及交际法等。实践表明，并不存在一种普适性最优、最高效的教学方法，亦无任何单一方法能适用于所有时段、地域及教学内容。若教师在高中语文课程中固守单一教学方法，学生极易滋生倦怠情绪。此外，各类教学方法针对不同语言知识与技能均具有特定侧重。唯有综合且灵活运用这些方法，方能切实提升学生的语文学习能力。

在高中语文教育实施过程中，无论采取何种教学策略，教师均须以学生语言交际能力为核心导向，紧密融合教学内容与日常生活实际，鼓励学生创造性、目标性运用已掌握的语言技能与知识。在教学过程中，教师应秉持交际化教学理念，甄选与真实生活自然交流情境相契合的教材内容，并选用适配学生年龄特征的教材，为不同学习阶段的学生提供差异化教学。

四、教学内容因素

所谓教学内容是指在教学实践过程中，为达成既定教学目标，教师与学生协同参与的各类知识体系、思维方式、观念见解、概念框架、基本原理、现实情境、技能范畴、方法体系、问题及行为模式的综合呈现。教学内容不仅是学生认知与掌握的主要对象，亦是教师与学生开展教学活动时的重要参照基准。若缺失教学内容，教学活动将难以有效推进。为确保高质量人才的培养，须依据教学目标选择并确定教学内容，制定课程规划与标准，编纂教科书，并在教学过程中充分调动师生积极性，使教学内容更具生动性与可习得性，此乃培养高质量人才的关键前提。显而易见，高中语文教学深受教学内容的显著影响。概而言之，高中语文教学内容主要涵盖以下核心领域。

（一）语言知识

语言知识不仅是综合语言运用能力的重要组成部分，也是语言学习与实际应用中的核心要素。如果没有坚实的语言基础知识，那么掌握强大的语言技能是不可能的。

（二）语言技能

在语言学习与应用过程中，学生需掌握听、说、读、写四大基础语言技能，这些技能为学生构建语言应用能力提供了关键支撑与手段。高中语文教学内容应涵盖听、说、读、写四大语言技能及其综合运用，以此为学生提供更为丰富的语言体验与感知机会，进而帮助其更深入地掌握语言知识。

（三）学习策略

学习策略指的是学生为提升学习效能与促进个人成长所采取的各类策略与措施。在语文学习中，所采用的策略涵盖认知策略、调控策略、交际策略及资源策略等多个维度。通过学习与培养适宜的学习方法，不仅能够提升学生在语文学习中的效率与成效，还能帮助其掌握自主学习与独立学习的技能，为其未来持续学习奠定坚实基础。采取高效的语文学习方法可优化语文学习策略，提升语文学习成效，并缓解学习潜力不足或智力发展滞后所面临的学习压力。在高中语文教学实践中，教师需要有计划地协助学生构建符合自身特点的学习方法，并对其学习进展与成果进行持续观察与反思。此外，教师还应培养学生根据自身学习风格调整学习策略的能力，并引导其观察他人学习方法，通过分享学习经验，尝试多样化学习策略。

五、课堂的教学氛围

一个积极且高效的高中语文课堂环境，既能增进教师与学生之间的情感与信息沟通，也能帮助教师更清晰地掌握学生的想法，进而及时调整、优化教学方法与策略。人们通过深入调查发现，当下多数高中生是在紧张焦虑的氛围中学习语文的，甚至有学生希望减少语文课的授课频次。众所周知，只有在轻松和谐的学习环境里，学生的学习兴趣和专注力才能得到有效提升。然而，当课堂氛围过于压抑紧张时，学生的语文成绩可能进步缓慢，甚至出现下滑，这势必会拉低高中语文教学的整体成效。高中生正处于身心发展的关键时期，紧张的课堂氛围可能引发学生对语文教师的抵触情绪，导致师生关系变得紧张对立。这种负面情绪可能使学生不愿主动参与语文教师的课堂活动，进而影响其语文成绩，形成恶性循环，最终影响语文学科的课堂教学质量。

第四节　高中语文教学存在的问题及对策

一、高中语文教学存在的问题

（一）对语文学习缺乏重视

众多高中生在日常学习过程中，对语文基础知识的积累缺乏足够关注，错误地认为依靠日常生活体验就能获取足够的语文知识，无须接受课堂的系统教学。他们还觉得语文学科需要长期积累才能显现成效，短期内难以实现成绩提升，因此觉得自己基础不牢，即便投入大量精力也难以取得理想分数。这种心态导致他们对语文学习采取漠视态度，仅在考前进行突击式复习，期望通过这种临时抱佛脚的做法提高语文成绩。这种态度不仅降低了教师的教学效果，也打击了学生的学习积极性。

（二）教学手段单一

面对高考带来的激烈竞争态势，高中生须竭尽全力投入备考。为帮助学生顺利考入心仪大学，高中教师在日常授课与教学组织中，常从应试教育角度切入，以高考要求为导向规划教学内容。这种做法不仅加重了学生的学习负担，也使得知识学习过程变得单调乏味、充满压力。部分教师甚至未能准确把握多媒体教学的核心价值，仅将黑板板书内容机械照搬至 PPT 课件，缺乏对教学设备的深度整合与创新应用。这种单一的教学模式与过度聚焦应试教育的思维惯性，抑制了学生对语文学科的探索热情与学习兴趣。

（三）阅读教学存在问题

1. 阅读带有明显的目的性和功利性

在高中教育体系中，阅读活动常被赋予浓厚的应试导向。学生倾向于采取目标导向的阅读策略，在阅读过程中过度揣测作者创作意图及命题规律，此举在某种程度上消解了阅读本身的吸引力。

2. 学生带有严重的主观色彩

在文本阐释方面，学生已形成模式化思维定式，对文本内容的认知仍停留于浅层理解层面。标准化答案与答题模板的盛行，导致学生群体性趋同。在情感把握层面，学生过度追求理解的普适性与标准化，忽视阅读体验的个体差异性，不同认知视角导致阐释结果的多元性未获重视。长期浸染于此类学习方式，学生的认知结构趋于固化，深度阅读能力发展受阻。

3. 教师缺乏对深度阅读的重视

在语文课文的解析环节，部分教师未严格遵循精读教学模式规范。精读教学的本质目标在于让学生进行深度阅读体验，但部分教师对此缺乏足够重视。受高考功利性导向影响，教师在日常教学中未能有效开展深度阅读指导，过度聚焦于学生的应试得分表现，对其阅读认知状态关注不足。标准化答案的过度使用，客观上削弱了学生的批判性思维能力。

（四）滥用信息技术教学

在教育信息化快速推进的大环境下，信息技术在学科教学中的作用越发重要。为顺应新课程改革的趋势，契合学生的兴趣偏好，不少教师积极尝试把各类信息技术手段融入日常教学，以此调动学生自主分析、主动探究的积极性。虽然新课程标准倡导借助信息技术开展教学活动，这一举措也确实能够有效调动学生的学习积极性，提升课堂教学的实际成效，但在具体教学实践中，我们不难发现，部分学校存在教学资源匮乏的问题，这些学校只能单纯借助多媒体设备开展教学，可实际取得的教学效果却不尽如人意；而在一些教学资源较为丰富的学校里，教师则在教学过程中过度依赖信息技术辅助教学，几乎每堂课都会运用多媒体、微课等工具，结果造成了信息技术的滥用，干扰了学生对学习内容的深入理解和有效吸收。

（五）语文教师素质有待提高

自新课程改革推行实施以来，学校亟须打造一支综合素质更为优异的教育团队。作为语文教师，掌握扎实的专业知识是最为基础的职业素养。对于高中语文教师而言，不仅需要精通专业知识，还应具备广博的学识。倘若教师期望成为学生的榜样，那么首先得拥有过硬的专业本领，进而能够自如地创作诗词歌赋，对各类成语典故烂熟于心，如此方能赢得学生的敬重与钦佩。然而，当下部分语文教师受陈旧教育观念束缚，采用落后教育方法，知识储备匮乏，且自身综合素质与专业能力均较为欠缺，这致使他们难以在学生面前树立积极正面的学习典范，进而给高中语文教学工作增添了诸多阻碍，也不利于学生语文成绩的持续提高。

二、高中语文教学的对策

（一）结合学情制定科学的语文教学目标

要营造高中语文的高效教学氛围，科学合理的教学目标设定是重要依托。明确教学目标是高中语文课堂教学的核心任务，也是最为关键的问题之一。在规划语文教学目标时，要以知识与技能、学习过程与方法、情感态度与价值观这三大方面作为核心指引。针对不同类型的文章，应当设计具有针对性的教学目标，保证这些目标既贴合学生的认知规律，又符合语文课程的整体教学要求。在设计语文课堂教学目标时，要保证目标具体明确且便于操作，杜绝设定那些模糊、抽象的教学目标，同时要确保教学目标的细节呈现与层次划分落实到位。只有当我们确立了科学合理的教学目标时，才能为打造高效的语文课堂筑牢根基。

（二）提高教师的教学能力

首先，精准明确自身教学角色定位。在当下高中语文教学的新形势中，学生已成为学习活动的主体，为此教师需将课堂主导权归还给学生，切实发挥自身在教学过程中的引导、组织、参与等多重角色作用。在整个教学过程里，教师要注重对全体学生的关怀，及时为学生排解学习过程中遇到的各类疑难问题，帮助学生更顺畅地开展学习、实现个人成长。

其次，认真备课，做好前期规划。教师在课堂教学中承担着至关重要的引导职责，其教学付出不容小觑。因此，教师需精心备课，先全面掌握教材内容、学生特点以及教学环境状况，再制定精准的三维教学目标，并预判教学过程中可能出现的状况，并准备相应的应对措施，以此为提高课堂教学效率筑牢根基。

最后，与学生建立融洽的师生关系。只有当教师与学生之间构建起和谐的师生关系时，才有机会打破传统知识传授者与接受者之间那种僵化的关系模式。教师在教学期间既要树立自身权威，又要在恩威并施的环境中有效管控课堂。例如，教师要灵活运用语言艺术，批评学生时让学生体会到教师的期许，表扬学生时也让学生感受到鼓励，如此才能为提高课堂教学效率奠定坚实基础。

（三）采用灵活多样的教学方法

要想打造高效的高中语文教学课堂，采用灵活多样的教学方法是必不可少的。高中语文课程具备自身独特属性，在课堂教学过程中，教师运用多种灵活的教学方法，能够有效调动学生的学习积极性。在课堂教学环节里，教师有能力为学生创设积极的课堂氛围，并可灵活采用启发式、讨论式以及自主式等教学方法，从而达成高效的语文课堂教学目标。

启发式教学方法的核心在于，教师依据具体教学任务和学生的学习特点，在激发学生思维能力的基础上，鼓励他们主动参与学习。启发式的教学方法有助于开启学生的智慧之门，助力他们积累更丰富的知识。

讨论式教学方法意味着教师要为学生营造积极的学习氛围，在确保学生课堂主体地位的同时，鼓励他们在相互交流讨论中探寻问题的答案。

自主式教学方法是指允许在教师与学生、学生与学生以及小组间的协作中高效完成教学任务。在此过程中，教师需要及时纠正学生的错误观点，并且满足学生的学习需求。

例如，在讲解《大堰河——我的保姆》这首诗时，教师可采用讨论式教学方法，让学生朗读诗歌的第一至第三节，分析这三节主要围绕大堰河展开哪些描述，作者是怎样介绍大堰河的身份、地位以及死后境况的，并让学生在小组讨论中剖析诗歌的第三节描绘了哪些景物，作者主要借助这些景物抒发何种情感。这些问题具有很强的引导性。在学生的讨论过程中，他们会留意到诗歌的第三节主要刻画了如“雪压草盖的坟墓、檐头枯死的瓦菲、被典押了的园地以及长了青苔的石椅”等意象。通过这些意象，能够营造出一种荒芜、破败与凄凉的意境，进而表达出作者深切的怀念与哀伤之情。

除了上述教学方法，教师还可选择运用多媒体开展教学。目前，计算机辅助教学的方式已在课堂中普遍应用。在课堂上，教师能够借助多媒体教学工具，将书本上枯燥的知识以直观、形象的形式呈现给学生，这被视为构建高效课堂的有力举措。

（四）正确应对课程改革

从实际教学情况来看，新课程改革致力于突破传统教学模式，探寻新颖的教学策略，这无疑给教师增添了更大的教学压力。作为教育工作者，我们有义务摒弃陈旧的教育观念与教学方式，更加关注学生的学习模式，将学生置于教学活动的核心位置，力求达成知识学习与智力发展的有机结合，把培养学生健全的人格和综合素养作为教育目标，重视学生的全面发展，培育他们自主学习的态度。在教学过程中，要秉持民主原则，倡导师生之间的双向互动，努力营造民主、和谐的教学氛围。教师应时常与学生开展深入的交流，尽力消除师生之间的思想障碍，深入了解他们的心理状况，给予他们精神上的鼓励与慰藉。教师要鼓励学生独立思考，激发他们的创新思维，让他们学会求知、探索、合作与创新，进而提升整体教学质量。

（五）科学规划课堂教学内容

依据新课程标准，教师需要对课堂教学进行优化设计，充分考虑学生的知识储备、能力水平、学习过程与方法，鼓励学生采用自主、合作、探究的学习方式。因此，高中语文的教学内容不仅要符合教学大纲的要求，还需培养学生的多种能力，如写作能力和口头表达能力。在教学过程中，高中语文教师要训练学生的写作能力，可以通过让学生写周记或者日记的形式来实施。此外还可以在课堂中设置一些问题，组织学生参与讨论和辩论，从而提高他们的口头表达能力。

（六）激发学生学习语文的热情

兴趣在学习过程中发挥着关键作用，语文是一门极具趣味性的学科，既涵盖了中国古代文学、近现代文学和外国文学作品，又包含大量汉语语法知识。精通语文对于提升学生在文学素养、审美水平和艺术修养等方面具有显著的促进作用。因此，高中语文教师应从多个维度向学生展示语文的丰富内涵与广阔外延，从而激发学生的学习热情。

（七）精心设计课堂提问

要构建高效的语文课堂，精心设计课堂提问必不可少。课堂上提出的问题具有很高的艺术性。在高中语文课堂教学中，教师精心设计的课堂问题能够激发学生的探究欲望，这对于培养学生的主动学习意识至关重要。教师在设计课堂提问时，需从多个层面进行思考，例如文章的标题、主旨、章节中的难点和细节等都可以作为设题方向。无论从哪个角度设计问题，教师都应确保在课堂上提出的问题具有高效性，并通过这些问题充分激发学生的好奇心。

（八）改进阅读教学

1. 教师注重对阅读讲解的深度和精度

在讲解高精度课文时，教师应尽力做到全面讲解，尤其要重视文章细节的剖析，引导学生留意作者的写作侧重点与细节呈现。我们倡导对文章展开深入讲解，借助多层次分析帮助学生养成深度阅读的良好习惯。在阅读技能培养上，我们期望学生能够自主对一篇文章展开深度剖析。建议学生放慢阅读速度，以便在阅读过程中充分体验、深入感悟。以《寡人之于国也》为例，在教学时，教师不仅要引导学生借助注释深入理解孟子的仁政思想，还要着重强调对“五十步笑百步”这一寓意的深刻领会。教师可以提出诸如“孟子为何没有直接阐明他对梁惠王的建议？”“梁惠王所面临的困惑究竟是什么？”等问题，先给予学生思考和小组讨论的时间，随后，教师围绕教学难点，以“使民加多”为核心，为学生深入讲解教材内容。

2. 营造适宜的阅读环境

快速的阅读节奏不利于深度阅读，因此教师应当为学生营造一个安静的阅读氛围，果断切断阅读与答题之间的直接关联，目的是让学生在阅读过程中摆脱单纯回答问题的束缚，使阅读行为更加纯粹、简单。从学校层面来看，营造良好的阅读环境是培养学生阅读能力的基础条件之一。在这样的环境中，学生的阅读兴趣也会得到进一步激发。学校可以利用学生的课余时间，为学生提供足量的必读文章，并通过完善校内图书馆的设施，为学生创造更优质的阅读条件。

3. 引导正确的深度阅读方法

深度阅读并非简单地重复阅读，也不是逐字逐句地过度钻研。教师有责任纠正学生在深度阅读方面的错误认知。教师应鼓励学生针对阅读材料进行深度反思，引导他们从作者的视角去思考各类问题。以《红楼梦》为例，这部作品是中国四大名著之一，其中包含诸多值得深入探究的议题。无论是王熙凤、林黛玉还是贾宝玉，他们的性格塑造都与当时的历史背景和家庭环境息息相关。在进行教学活动时，教师应有计划地引导学生深入思考，例如探讨为何王熙凤性格泼辣，而林黛玉又为何格外引人关注，贾宝玉和林黛玉之间为何没能收获理想结局。通过深入思考和讨论这些议题，期望引导学生对《红楼梦》形成全新的认识。

4. 正确认识阅读能力的作用

阅读作为一种重要的学习方式，不仅能帮助学习者获取和掌握知识，还能拓宽他们的视野与思维方式。通过阅读，学习者不仅能积累更多知识，还能有效提升个人修养和道德品质。如果教师能在高中课程体系基础上进一步细化阅读能力的具体作用，那么显著效果就是能够提高学生对文章和题目的理解能力，帮助他们养成良好的阅读习惯，并在潜移默化中积累更多知识以拓宽视野。如此一来，学生在实际写作过程中不仅能找到有用的素材，还能激发写作热情，进而进一步提升写作技巧。

5. 建立阅读教学评价

阅读教学被视为提升学生阅读技巧的关键教学方法之一。为确保阅读技能得到有效培养，教育者需要借助阅读评价的方式进行验证，如此才能真正了解并掌握学生的阅读成果。为评价学生的阅读能力，教师应当采用考试、教学活动等多种方式，并深入分析学生在阅读过程中遇到的难题以及阅读后的反馈，进而制订有针对性的教学计划。应主要从学生阅读后的记忆能力、知识积累程度、口头表达水平以及对思想的深刻感悟等多个维度进行全面分析，尤其强调学生在阅读过程中的感受、体验以及对不同类型文章的理解深度。

以高中语文中曹操的《短歌行》阅读教学为例，学生的阅读、理解、背诵以及教师对古词的阐释都至关重要。因此，教师可以在课堂上引导学生通过阅读古词来理解古文含义，并在学生阅读过程中提出一些教学问题，例如“杜康真的能消解曹操的忧愁吗”。然后，教师再对整篇古文进行详细讲解，随后通过小组讨论、课堂回答等多种形式，让学生分享他们对这篇古文的思考与感悟。为帮助学生更深入地理解古词的深层内涵，教师还可以适当向学生讲解古词的创作背景。

（九）建立师生之间的互动

新课程标准明确指出，教学过程是教师讲授与学生学习的有机结合。在平等的基础上，教师与学生之间的交流互动会引发思想与情感的交融，进而产生共鸣。所以，在语文教学中，不能只关注是否存在对话、交流等外在形式。教师与学生之间的互动能够调动学生的求知欲，进一步激发他们的主动性与进取心。在教学活动中，教师要充分重视学生的主体地位，通过创设问题情境、强化社会实践活动等方式，鼓励学生主动参与，让学生真正成为教学活动的主体。在教学活动中，教师应鼓励学生展现出自主、合作、探究的学习态度，这不仅能够为语文教学注入新活力，还能够为学生营造良好的学习环境，有助于培养学生独立学习的习惯。教师要尊重每个学生的个性特点，实施个性化教学方法，从而激发学生的学习热情，提升他们的语文素养。

（十）注重个体差异和个性发展

新课程标准强调要尊重学生的个性，关注每个学生的独特之处，满足他们的学习需求，全面提升学生的语文能力，确保每位学生都能获得全面发展。新入学的学生需要参加一场全面的语文综合能力测评，以便全面了解他们在语文基础知识、阅读理解和写作方面的能力水平。教师可通过因材施教和分层教学的方式，提高整体语文教学质量。分层教学的方式能够突出不同层次学生的思维差异性，这样教师能根据学生水平来分别布置不同等级的学习任务，学生也能依据自身能力完成相应的任务，充分发挥自身潜能并积极创新，以满足学习需求和兴趣。

（十一）合理应用信息技术教学

在信息技术迅猛发展的当下，信息技术与学科教学的深度融合使语文课堂更能贴合学生的实际需求，彰显出鲜明的时代特征。语文学科的特点在于，它借助语言来传递思想与情感的深层意蕴，实现了人文精神与实用工具的有机统一。要达成两者的完美融合，语文学科与信息技术的深度结合必不可少。教师可以借助信息技术引入精美的图片，以此激发学生的审美兴趣，加深学生对文本内涵的理解；充分发挥网络的开放性与互动性，鼓励学生开展自主学习，同时充分激发学生的主观能动性，鼓励学生动手实践、动脑思考并发表个人见解，培养学生的实践能力和创新意识。

第三章　高中语文教学中的思维类型与训练

本章详细探讨了形象思维、抽象思维、辩证思维、灵感思维、直觉思维、创造性思维等思维类型与语文教学极为密切、不可分割的关系，既有对理论研究成果的借鉴与发挥、教学经验的总结与发展，也有对思维训练科学途径的探讨。

第一节　语文教学中的思维类型

一、形象思维与语文教学

（一）形象思维的概念和特点

1. 形象思维的概念

形象思维是指人的大脑主动浮现出客观事物的形态或姿态，借助观念形象（也就是意象）来处理感性的形象材料，进而能够主动引导实际操作，达成创造出物质化成果的思维过程。它能够通过塑造生动且感人的艺术形象，来揭示生活的本质与内在规律。

形象可分为客观形象和主观形象。客观形象指的是能引发人们思维或情感活动的特定形态或姿态，也就是客观事物在三维空间中的实际存在状态，以及这种状态随时间推移所发生的变化。主观形象则是指客观形象在人们的感知与思维活动中的主动呈现。

主观形象可分为初级阶段和高级阶段：初级阶段是对感性形象的认知阶段，主观形象在这一阶段可细分为感觉形象、知觉形象、印象以及表象。高级阶段是对理性形象的认知阶段，此时主观形象主要表现为意象，这是观念或理性的外在呈现。

虽然客观形象是完全客观存在的，但主观形象并非完全主观，其表现形式具有主观性，而内容却是客观的，这表明主观形象是主观与客观的统一体。

还有另一种主观形象（意象）的物化形式，如艺术形象，有人称之为物化形象。艺术形象的主客观统一，是“主观见之于客观”的形象，即通过形象思维指导的实践活动而创造出的客观形象。所谓主观形象，则是“客观见之于主观”的形象。

形象思维是一种思维活动，它以客观形象作为思维对象，以感性形象作为思维素材，以意象作为主要思维工具，以指导创造物质形象的实践活动为主要目标。

2. 形象思维的特点

形象思维最为显著的特点是具有鲜明的形象性，有时还带有浓厚的感情色彩，并且能借助一定的个性特征来反映共性。

（1）形象性

首先，形象思维的核心在于将客观事物的形象作为思考的核心要点。大自然中那些让人目不暇接的美丽景致、形态多样的自然风光、形形色色人物的音容笑貌、各类人造物品的外观形态，以及各种文学和艺术表现形式，这些元素共同构成了我们对这个广袤世界的认知基础。

其次，形象思维主要借助意象、具体概念、形象语言以及各类图形等具有形象性的思维工具。从本质层面来讲，形象语言可划分为视觉语言、听觉语言以及视听综合语言这三大类别。这三种语言还能进一步细分为名词、动词和形容词。名词一般用于描述特定的事物或形象，比如人类、湖泊等；动词用于描绘某一特定物体的动态行为，例如哭泣、欢笑等；形容词则用于描述事物的各种属性和状态，像绿色、尖端等。当人们运用形象思维工具时，能够对事物的实际形象展开深入的分析、对比、整合与总结，进而激发联想和想象，最终创造出全新的物质化形象。

最后，形象思维不仅能通过形象的语言进行表达，还能利用形象的非语言工具，例如图像、模型、动作、表情以及各种姿势等，来传递思想、情感和意象。

（2）通过个性反映共性

形象思维能够通过展现个体的独特之处来揭示其共性，进而揭示某一事物的本质属性和其内在的发展趋势，从而帮助人们更好地理解某一类事物的普遍特性和普遍规律。

美国著名学者斯佩里（诺贝尔奖得主）通过对“裂脑人”的深入研究，发现人脑的左半球主要负责管理人体右侧的运动，具备逻辑思维、求同思维以及言语和计算等多种能力，因此被称为“理性半球”、“逻辑半球”和“知识的脑”。相较于右半球，左半球在控制方面能力更为突出。右半球则负责控制人体左侧的动作，它拥有直觉和求异的思维方式，尤其在音乐、舞蹈、节奏和绘画等空间元素的感知与识别能力上表现优异。这种能力与人的想象力相契合，所以右半球被称为“情感半球”或“创造性大脑”。大脑右半球是形象思维生理机制的根源。实验数据显示，当科学家们专注于研究任务时，他们的大脑左半球呈现明亮状态，这表明其抽象思维十分活跃；尽管右半球也略显明亮，但大部分区域较为暗淡。与之相反，当艺术家在艺术创作达到巅峰状态时，他们的大脑右半球十分明亮，左半球虽有一些亮点，但大片区域较为暗淡，这暗示着形象思维正在正常运作。这也说明，在思考过程中，虽然主要依赖某一种思维模式，但需要多种思维模式相互融合、协调统一。

（二）形象思维的过程

形象思维并非仅仅是单一的认知活动，它彰显出感性与理性的相互交融，以及认知活动与实践引导的紧密统一。形象思维构成了一个完整的认知过程，这一过程需要历经“两次跨越”，也就是先从感性的形象认知提升至理性的形象认知，再从理性的形象认知迈向实践层面。唯有如此，形象思维才能借助实践反馈实现持续循环，从初级阶段逐步迈向高级阶段。为便于深入理解，我们可把它划分为初级、过渡与高级这三个部分。

1. 初级阶段——感受摄像储存

（1）形象感受

形象思维必须以形象感觉作为基础才能顺利开展。对事物较为完整的直观感受源自知觉。形象视觉与其他感觉相互结合，通常会形成知觉形象，其他感觉则对视觉形象起到补充或修正的作用。例如，我们在园圃中漫步时，一位少妇袅袅婷婷地走来，宛如仙女下凡，可她随手乱扔果皮、随地吐痰、出口成“脏”，最初形成的美的形象感觉，就被丑陋的整体形象知觉所取代。

对形象的感知是形象思维的起始环节，它构成了形象思维的根基，也为艺术想象提供了基础条件。关于形象的感知，存在主动感知与被动感知、局部感知与整体感知、有序感知与无序感知、初次体验与反复体验的不同情况。例如，在塑造安娜·卡列尼娜这一人物形象时，列夫·托尔斯泰从普希金的女儿那里获得了深刻的形象体验与审美启发。他将她作为艺术创作的灵感源泉，不仅在人物性格塑造上，还在外貌描写方面，都充分体现了她的精神特质。这是一种主动、全面、有序且具有重复性的体验。假如我们被强行带到某个风景名胜区游览，而此前从未到过此地，内心还一直被其他事情占据，那么我们对该风景区的印象就会是消极、片面、杂乱且肤浅的。对于形象的感知，只有当主体主动参与、从多个角度进行感知并深入思考时，才能真正有所感受。

（2）形象摄像

摄像可看作形象思维活动的起始阶段。它标志着思考过程从直观感知进入到形象化思考，这是一个既相互关联又存在本质差异的关键节点。

摄像技术是基于事物的表面特征来捕捉具有特定属性的影像形态。尽管它保留了图像的直观性与感性特质，但捕捉到的是经过筛选的、具有独特特征的画面。在摄像方面，存在动态摄像与静态摄像之分，也有局部摄像与整体摄像之别。

动态摄像呈现的是物体在活动过程中所展现出的独特影像特征。这通常代表了对象在各个发展阶段所呈现出的独特特征的综合体现。例如，在《药》这部作品的第一部分，描写了华老栓购买“药”的过程，从他准备出门，到抵达目的地，在刑场上向康大叔购买人血馒头，以及观众“围观”杀人“场景”的情形。借助这些动态摄像，我们可以看到华老栓和观众的无知与冷漠，同时也揭示了封建统治者对人民的压迫与毒害，为我们展现了夏瑜所处悲惨命运的社会背景。在上述的摄像呈现中，我们能感受到一种压抑的氛围。

局部摄像捕捉的是对象在局部所展现出的独特影像特征。郁达夫在他的作品《故都的秋》中，对北方秋季的槐树是这样描述的：“北国的槐树，也是一种能使人联想起秋来的点缀。像花而又不是花的那一种落蕊，早晨起来，会铺得满地。脚踏上去，声音也没有，气味也没有，只能感出一点点极细微极柔软的触觉。”作家在描绘北国之秋时，特别突出了槐树这一元素，这在某种程度上让人察觉到秋天的气息已悄然来临。

整体摄像获取的是对象具有独特特征的整体影像。例如，在《祝福》这部小说的开篇，作者对祥林嫂的离世以及她临终时的悲惨遭遇进行了全面的摄像记录，这样做的目的是突出其悲剧性，营造出强烈的悬念氛围，从而使小说在一开始就具有打动人心的艺术感染力。

（3）形象储存

在我们大脑的记忆中，感觉形象与知觉形象的留存被称为印象。外在的表现实际上是对记忆中的印象进行的回忆。与感觉和知觉印象相比，表象具有一定的间接性和概括性，其反复出现使得表象有可能转化为反映事物特性的摄像手段。从一片秋季的红色枫叶来看，可以总结出许多秋季的枫叶都具有红色这一显著特征。这为从感性的形象认知过渡到理性的形象认知提供了新的可能。

在形象思维中，形象储存被视为第二个重要环节。它不仅提供了形象的体验，还留存了形象的记忆，给人留下深刻的印象，并且能够捕捉到生活中的细微之处，从而助力艺术创作的开展。例如魏巍在朝鲜战场上，通过亲身经历，积累了大量关于中国人民志愿军战士的高尚形象和感人事迹。因此，当他进行创作时，会根据主题的需要，精心挑选那些保存在记忆中的印象以及回忆的表现形式。

2. 过渡阶段 —— 判断加工意象

在形象思维的过渡阶段，我们需要对形象进行判断。这标志着在感知和储存之后，形象思维步入了第三个阶段。它可分为两种类型：第一种是基于简单直观的形象判断，也就是对事物的外在形态进行识别与分辨。动物大多只能借助简单的直觉和形象来做出判断，例如军鸽能从千里之外飞回营地。第二种，复杂直觉形象判断指的是在识别客观事物的外在形态的同时，理解其内在本质，达成二者的辩证统一。

诗人和画家凭借各自独特的艺术手法，塑造出美好的形象。这些形象体现出作者对自然之美的深入体验与细致观察。当我们全身心沉浸在壮丽的景色中时，或许没有产生具体的想法，但我们切实感受到的是景色的形态。当诗人查慎行走在溪流边，他能看到满天繁星、远处山峦、秀丽园林、树下阴影、闪烁的萤火虫和清澈的山泉。他还能听到蛙鸣声和潺潺的流水声，这样的自然美景让人心情舒畅，仿佛他并未陷入深度思考。当我们欣赏自然之美或文艺佳作时，直观且感性的形象给人留下深刻印象是必不可少的。所以，美学家把人们在欣赏和创造美的过程中所表现出的感性心理特征称作美感直觉，也可称为审美直觉。在过渡阶段，我们需要从感性的形象过渡到更具理性的形象。在这一阶段，我们主要通过“由此及彼、由表及里、去粗取精、去伪存真”的方式，形成对感知印象的直觉。意象属于观念形象的一部分，而表象和摄像则是连接感性与意象的重要环节，它们是依据表象和摄像开展形象思维的基础。意象是对存储在大脑中的视觉信息进行重塑的过程，是对过去记忆中已有的临时联系进行新的整合，也是对现有影像进行新的处理与评估。经过一系列处理和评估后，人们开始有意识地将某种事物的特性融入自己所创造的新形象中。

在语文的教学过程中，意象主要分为以下几种类型。

（1）动态意象

动态意象指能够捕捉并概括对象的某些动态特征，进而反映某种特定本质的意象。比如《祝福》里对祥林嫂的描写。她脸部瘦削，面色介于黄黑之间，完全没了先前那种悲伤的神情，整个人给人一种木刻般的印象；只是那偶尔转动的眼珠间或一轮，才能表明她是个活生生的人。鲁迅通过捕捉“眼珠间或一轮”这一特点来塑造动态意象，仅从这一细微之处，便展现了祥林嫂所遭受的悲惨命运。

（2）静态意象

静态意象是一种能够捕捉并总结对象的某些静态特质，进而揭示其特定本质的意象。在《琵琶行》这首诗中，“别有幽愁暗恨生，此时无声胜有声”和“东船西舫悄无言，唯见江心秋月白”这两句诗，描绘的都是在寂静氛围中流露出深沉情感、极具感染力的画面。前两句让人感觉余音袅袅，意味悠长。

（3）局部意象

局部意象指的是捕捉、概括对象局部特征，从而反映某类事物特定意蕴本质的意象。就像《祝福》中对鲁四老爷书房中陈设的描写，起到了表现特定“气氛”和人物性格的作用。当鲁四老爷摆放福礼、恭敬地迎请福神时，祥林嫂却带着疑惑和极度痛苦在寒夜里死去，这一局部意象，揭示了封建礼教“吃人”的本质。

（4）整体意象

整体意象是一种用于捕捉并总结事物整体特征，进而反映某一类事物独特本质的视觉象征。鲁迅曾说过：“人物的模特儿也是一样，没有专用过一个人，往往嘴在浙江，脸在北京，衣服在山西，是一个拼凑起来的角色。有人说，我的那一篇是骂谁，某一篇又是骂谁，那是完全胡说的。”在鲁迅和其他小说家试图“拼凑”他们的“模特”形象时，必须从多个角度和层面，对这些“模特”的意象进行全面的整合与总结，如此才能构建出一个完整的意象体系。

（5）无形意象

无形意象是一种用于捕捉并总结视觉上难以直接察觉的物体特性，进而反映某一类事物内在本质的意象。例如，在《阿 Q 正传》中，阿 Q 在土谷祠里沉浸于革命的幻想，想着杀人、抢东西和挑选女人，这完全是一种心理层面的冲动。通过把鲁迅笔下这种无形的幻想“呈现”为具体的象征，我们能更好地理解阿 Q 式革命的真正内涵。

（6）变形意象

变形意象是指通过改变事物的形态来概括其特性，进而展现某一类事物的独特本质的意象。比如，古埃及的狮子形象，安徒生的美人鱼雕像，以及《西游记》中对孙悟空、猪八戒、白骨精等角色的描写，这些都是经过变形的形象，他们都充满生命力，并能从特定角度揭示事物的本质。从更宽泛的角度看，文艺作品中的所有典型人物，和日常生活中的真实人物相比，都经过了某种程度的变形。

3. 高级阶段——联想想象造像

形象思维历经从摄取影像，到创造新形象，再到塑造典型形象的过程，就形成了从初级、过渡到高级这三个发展阶段。一个典型的造像形象，意味着对意象里的“部分”进行“整合”，这指的是在意象对日常生活进行基本描述的基础上，进一步对生活做出典型的总结。

典型概括是一个从个体迈向普遍的过程，不过这一过程并非基于抽象的判断或推导，而是依托典型形象的“再现”与“展示”，所以，联想和想象是必不可少的环节。联想是一种由一个事物联想到另一个事物的思考过程。意象可看作形象思维的基本单元，从根本上讲，形象思维中的联想活动，就是从一个具体意象联想到另一个不同意象。联想是建立在记忆基础之上的，倘若没有对意象的记忆，联想便无从产生。当我们回忆起记忆中“松树的品格”这一形象时，能联想到松树和杨柳所具备的高尚品质。联想通过呈现意象间的关联，来揭示意象所蕴含的意义。例如，我们把贫困人群与杨白劳联系起来，就能揭示出他们之间共性与个性的紧密关联；将喜儿和黄世仁联系在一起，能够揭示出他们之间的矛盾与对立；把杨白劳和喜儿联系起来，则可以展现出父女之间深厚的相互依存关系。借助意象与意象之间的紧密关联，我们能更好地理解意象的内涵。

联想在揭示意象间的联系时，体现出对意象进行明确判断和评价的能力。

联想的目的在于通过连接各类意象来展现意象的深层含义。例如，杜甫的诗句“朱门酒肉臭，路有冻死骨”揭露了社会的贫富差距，并展现出统治者对劳动者的残酷压榨。在我国古代文学里，人们经常运用的比兴手法，就是借助诗歌中的形象对比来引发联想的。

联想建立在客观事物形象的相似性与接近性之上。然而，这种相似性与接近性并非无条件的。在这个世界上，不存在两个人的外貌完全相同的情况。例如，从浪里的鱼联想到梁山泊水中的英雄张顺，是因为他们在游泳技能方面存在诸多相似之处，所以张顺才被命名为“浪里白条”；从打虎英雄武松的形象联想到卖烧饼的武大郎的形象，是因为他们是兄弟关系，虽有一定相似性，但这种联系存在不确定性。

不过，形象思维的联想具有一定的确定性，这体现在“是否相似”之间存在一个可伸缩的范围，例如，只有车辆的长度达到一定程度，才可能像一条河，一辆车显然不可能像一条河。张顺擅长游泳，才被命名为“浪里白条”，要是他被称为“旱鸭子”，那就无法这样命名了。这种“是否相似”的界定，都和形象思维的确定性联想相关。所以，只有当我们从确定性与不确定性相互交融的角度出发时，才能准确评判某一具体的形象思维联想是否与客观现实相符。

想象是一种思维过程，在这个过程中，人的大脑在联想的基础上对原有的意象进行加工改造，进而创造出新的意象。联想的本质是从一个已知意象激发出另一个已知意象，进而揭示这些意象之间的内在联系，而非创造出新意象，这种创造性正是想象力的突出特点。以《小二黑结婚》为例，其中的三仙姑和她的女儿小芹，正是赵树理基于他所熟悉的生活经验，在思维中塑造出的全新形象。

在处理理性意象时，我们要运用形象的分析、对比、整合与总结等方法，而不仅仅是对感知到的形象和表象进行加工。想象力需要在联想的基础上对原有意象进行加工改造，从而创造出新意象。基于联想和想象，我们能够塑造出具有代表性的形象，并运用形象思维进行提炼和处理，保证这些形象具备典型性、立体性和真实性，如此才能创作出具有艺术生命力的新形象。

（三）形象思维训练

从心理素质的角度来看，在语文教学过程中，形象思维训练主要聚焦于和心理元素相关的联想、想象、表象、意象以及情感等方面的训练。

1. 从仿写到创新的训练

仿写属于一种模拟思维的举动，它是对某个已存在的事物或现象展开模仿的思考模式。

学生开展仿写练习，对他们的创新思维的培养具有积极作用。在语文教学过程中，模仿写作不但能提升学生的写作技能，还能帮助他们更透彻地理解课文内容，进一步夯实并强化从课文里习得的各类知识。这种借助写作推动阅读、依靠阅读辅助写作、二者相互促进的写作训练途径，对提高教学质量有着明显的帮助。

（1）仿拟构思的训练

韩愈曾强调，学习古文时，应当“师其意，不师其辞”。“师其意”指的是要学习范文在立意构思、选材取舍、篇章布局等方面的长处。例如，在茅盾的《风景谈》里，他通过描绘六幅画面——自然的美妙景致，进一步歌颂了解放区军民在生活与斗争中起到的主导作用，借此抒发自己的深厚情感。学生可以参照课文内容展开模仿与构思，以《风景新谈》为主题进行创作。

（2）仿写技巧训练

写文章既要有出色的主题与素材，又要掌握娴熟的写作技巧，如此才能更好地表达自己的想法，让文章的形式与内容完美融合。作者运用语言，借助一定的表现手法，处理素材与主题的关系，除了记叙、描写、抒情、议论等表达方式外，还包括各类修辞手法的模仿与运用，以及各种写作特色与风格的借鉴、学习。

（3）仿写语言训练

若把文章的主题看作其“灵魂”，素材视为其“血肉”，结构比作其“骨骼”，那么文章所运用的语言就能比作构成人类生命根基的“细胞”。所谓“言之无文，行而不远”，从形象思维的角度来说，主要是要模仿和练习那些生动形象、通俗易懂、简洁含蓄的语言。

2. 联想思维训练

联想是一种心理活动，即从一个事物联想到另一个事物。更确切地讲，当客观事物以特定的方式作用于人的大脑时，会在大脑中形成各种暂时的联系。当这种作用停止时，这种暂时的神经连接会以痕迹的形式留存在大脑中。在特定的环境因素影响下，这类联系有可能会变得更加活跃并重新活跃起来。

联想作为想象的基础表现形式，在语文教学过程中和想象一样，有着不容忽视的重要意义。比如，在解读课文时，我们需要具备较强的联想能力，如此才能深入探究现象与本质、内容与表现形式之间的关联。优秀的联想能力是作文巧妙构思的基础，也是有效运用语言的必要条件。在修辞学领域，比喻和拟人其实是各种联想的不同呈现形式，像排比句和递进句，它们分别是横向联想与纵向联想的不同表现方式。对于各类文学体裁的课文，从创作到教学，都需要借助联想技巧来达成。

联想的训练方法可以涵盖对比、接近、相似、追忆、因果、推测以及连锁等多个方面。

（1）对比联想训练

对比联想是指由对某事物的感知，触发与其特征相反事物的联想。如古代民歌“月儿弯弯照九州，几家欢乐几家愁，几家高楼饮美酒，几家流落在街头”便运用此法。对比联想训练方法多样，如设计《×× 的变迁》《×× 的联想》等练习题，引导学生运用对比联想写作。

（2）接近联想训练

接近联想是因时间或空间上邻近事物而引发联想的现象。例如《谁是最可爱的人》中：“亲爱的朋友们，当你坐上早晨第一列电车驰向工厂的时候，当你扛上犁耙走向田野的时候，当你喝完一杯豆浆提着书包走向学校的时候，当你坐到办公桌前开始这一天工作的时候……朋友，你是否意识到你是在幸福之中呢？”此段排比句描述的事件均发生在清晨，因时间相近而引发联想。

（3）相似联想训练

相似联想是指由对某事物的感知，触发与其性质和形态相似事物的联想。如《绿》中描述：“那醉人的绿呀！我若能裁你以为带，我将赠给那轻盈的舞女，她必能临风飘举了。我若能挹你以为眼，我将赠给那善歌的盲妹，她必明眸善睐了。”训练中，学生需明确，“带”与“眼”象征舞女与盲妹的活力，此联想源于形态与特质相似。同时，“绿”常被视为生命象征，作者借潭中绿波荡漾，联想到“带”的飘逸与“眸”的善睐。此相似联想自然、优雅、精妙。教师稍加引导，学生便能从物与人之间产生相似联想。

（4）追忆联想的训练

追忆联想是指借助对现实里特定事物的回忆，唤醒人们对过往生活、所见所闻及所学知识的记忆。例如，徐迟《在湍流的涡漩中》细致刻画周培源 20 世纪 30 年代至 70 年代的生活历程，先按时间顺序编排，如“流水账”般呈现。随后，他舍弃 23000 字原稿，聚焦“瞬间”，以一个夜晚为轴心展开回忆。这种回溯与联想的手法，让作品逻辑严谨、结构紧凑，以 7000 余字展现人物的坚韧斗志与丰富内心。再如，《祝福》先写祥林嫂在爆竹声中离世，再借回忆与联想回顾其一生。

（5）因果联想的训练

因果联想是依据原因联想到结果，或由结果追溯原因的思维模式。例如，在《荔枝蜜》中，作者采用因果联想：“小时候有一回上树掐海棠花，不想叫蜜蜂螫了一下，痛得我差点儿跌下来。”“可是从此以后，每逢看见蜜蜂，感情上疙疙瘩瘩的，总不怎么舒服。”后因品尝蜜蜂酿制的荔枝蜜，那“忘记早晚”的忙碌，让我“觉得生活都是甜的呢”；又因知晓蜜蜂在短暂生命中“为人类酿造最甜的生活”，恰似勤劳农夫“为后世子孙酿造生活的蜜”，故“我”从厌恶蜜蜂转为“梦见自己变成一只小蜜蜂”。《荔枝蜜》中因果联系运用巧妙。高中生在写作描述喜怒哀乐的人或事时，可借因果关系揭示背后缘由。

（6）推测联想训练

推测联想是基于已知信息推断未知信息的思维模式。如《从百草园到三味书屋》中：“我不知道为什么家里的人要将我送进书塾里去了，而且还是全城中被称为最严厉的书塾。”“我”对书塾有了解，却不明为何选此“最严厉的书塾”。于是，“我”从孩童天真出发猜测：“也许是因为拔何首乌毁了泥墙罢，也许是因为将砖头抛到间壁的梁家去了罢，也许是因为站在石井栏上跳了下来罢……”作者借联想推断背后原因。

（7）连锁联想训练

连锁联想是运用联想技巧将多样事物紧密相连，或从同一事物多角度展开两种及以上联想活动。如《荔枝蜜》中，作者由荔枝树联想到荔枝蜜，由荔枝蜜联想到蜜蜂劳作，再由蜜蜂劳作联想到农民劳作。此乃环环相扣的思维过程。

3. 想象思维训练

想象思维训练主要集中在再造想象与创造想象这两个关键领域。

（1）再造想象训练

所谓的再造想象，指的是依据他人对某事物的描述，在自己脑海里塑造出全新的形象。在阅读过程中，重新构建的想象力能力尤为关键。读者是根据作者所提供的语言信息，联想大脑里与之相关的概念，并依照作者的语言引导将想象到的事物进行新的组合，进而创造出新的视觉形象。通过再造想象的训练，学生能够把篇幅短小、语言生动、形象鲜明的古今诗歌改编成故事或者散文，这就促使他们要创造出新的形象。

（2）创造想象训练

创造想象是一种心理活动，它不依赖于既有描述，而是在大脑内部独立塑造全新视觉形象。例如，在茅盾的《追求》中，“暴躁”情绪被生动形象地刻画出来：“她暴躁地脱下单旗袍，坐在窗口吹着，却还是浑身热剌剌的。她在房里团团地走了一个圈子，眼光闪闪地看着房里的什物，觉得都是异样地可厌，异样地对她露出嘲笑的神气。像一只正待攫噬的怪兽，她皱了眉头站着，心里充满了破坏的念头。忽然她疾电似的抓住一个茶杯，下死劲摔在楼板上；茶杯碎成三块，她抢进一步，蹦成了细片，又用皮鞋的后跟拼命地研研着……”此处，人物的暴躁情绪得到具体鲜活的展现。

为激发想象力和创造力，可开展更多具体思维训练，如描述一个“勇敢”的人、一个“骄傲”的人、一个“谦逊”的人，或仅将一个概念形象化，充分发挥想象，使其更生动感人。

4. 情感思维训练

普通情感是人们对与自身有关的客观事物（包括自身状况）所持态度的内心体验。审美情感以日常情感为基础，它不只是个人需求的主观满足，更是审美需要与理想的达成。其中包含了主体对审美对象理性、社会层面的评判，所以属于高级情感类型。也就是说，审美情感是为了满足自身审美活动需求而产生的态度感受。情感作为人对客观事物的态度体验，是引发兴趣的根源。它会让人的注意力、感知力、思维力聚焦于某一阅读和写作对象，促使智力更好地发挥作用。学生对阅读写作具备稳定且深厚的情感思维，就会满怀深情地投入到阅读与写作当中。

情感思维训练可从以下两方面展开。

（1）情境思维训练

“登山则情满于山，观海则意溢于海”的情境思维训练，依托课文语言，旨在引领学生深入情境，激发情感。例如，当学生深入研读《海燕》时，会被带入暴风雨将至、迫近、来临的三种情境，这无疑会对学生的情感产生深刻影响。在暴风雨来临之际，作家高呼：“让暴风雨来得更猛烈些吧！”融入此情境的学生，也能如海燕般，体验到战斗中的热情与欢乐。

（2）共鸣思维训练

课文的感染力是学生产生情感共鸣的客观前提。当学生的情感被课文情感“俘获”“征服”时，会产生强烈的情感反应。在《琵琶行》中，琵琶女以凄凉之语诉说身世，以血泪抚弄孤琴，致使江州司马青衫尽湿。此情节不仅拨动了在场学生的心弦，引发共鸣，还让他们流下同情的眼泪。

学生带着情感思考社会生活，有助于更透彻理解社会生活真相。然而，唯有培育出健康高尚的审美观念，我们才会在情感上对虚伪、邪恶、丑陋产生抵触，对真、善、美满怀热忱。

5. 课堂形象思维训练

为了提高课堂上形象思维的教学艺术水平，必须保证其与形象思维的培训紧密关联，同时重点关注以下几个方面。

（1）形象美的导入与练习

课堂导入方式多样，若重视形象与美感的导入，效果定会极佳。如教师教《周总理，你在哪里》一课时，用了这样的开头：“同学们，我们来听一下我国著名男高音歌唱家李光羲演唱的一首歌《周总理，您在哪里》。”“这首歌收获了无数赞誉。这是为何？只因这首歌既反映我国人民心声，也契合全球人民意愿。”“今天，我们要学习的正是这首歌的歌词。”

在生动形象的启发下，学生仿佛真切地感受到了歌曲深沉、高亢的旋律，它如山谷回响、大海呼啸，对周总理的深情怀念都蕴藏在这千山万水之中。朗读练习时，学生们不禁潸然泪下。这种导入方式让教师从教学主导者变为审美引导者，从而生动形象地激发了学生对于美的思考与情感。

（2）形象美的导读

针对不同教材内容，应采用不同的形象思维引导方法。比如，学完《荷塘月色》后，学生已领略书中“美”景，这是普遍的审美满足。学《荷花淀》时，可从旧知中获新悟，加深理解。白洋淀的壮丽景色给学生带来如诗如画之感。这种视觉体验与《荷塘月色》的“优美”相似，但与朱自清笔下的荷叶、荷花质感有别，这要求学生进行形象思考与对比。

《荷塘月色》的描写是：

荷叶——“出水很高，像亭亭的舞女的裙。”

荷花——“有袅娜地开着的，有羞涩地打着朵儿的；正如一粒粒的明珠，又如碧天里的星星。”

《荷花淀》中的“相似”描写是：

荷叶——“迎着阳光舒展开，就像铜墙铁壁一样。”

荷花——“高高地挺出来，是监视白洋淀的哨兵吧。”

当我们将《荷塘月色》与《荷花淀》进行对比时，前者在描述荷叶和荷花时展现了阴柔的美感，而后者则展现了一种阳刚的魅力。这种方式有助于培养学生的形象思维能力。

（3）形象美的导思

在语文课堂教学环节中，为了培养学生的形象思维能力，教师需要在思维引导上加大投入力度。引导思维的方法有很多种，可以借助运用优美的文辞、塑造典型的人物形象以及营造生动的意境等途径开展形象思维，如此能让学生更充分地受到作品情感美与形象美的熏陶。以朱自清的散文为例，学生在学习《春》之后，已经能够直观体会到其中蕴含的明亮与热情，也理解了作者是怎样用精巧、生动且动人的笔触，描绘出一个充满诗意与画意的春天。在语文教学过程中，以读促写不仅是提升学生读写能力的有效方式，同时也有助于培养学生的形象思维能力。学习散文《春》之后，教师可以鼓励学生在日常生活中探寻并欣赏所遇到的形象之美。当学生发挥形象思维能力时，他们会发觉“凡物之美者，盈天地间皆是也”。学生具备感知形象之美的能力，无论是一粒黄土、一棵杨柳、一朵月季，还是一片朝霞，都能成为他们赞美的对象；绚丽的夕阳、潺潺流淌的山泉、展翅翱翔的春燕，都能勾起人们深深的眷恋。一旦掌握了形象化的思维方式，学生就能深入探究自然之美的精妙之处，并以形象方式去感受它。

二、抽象思维与语文教学

抽象思维方式与直观动作思维方式以及形象思维方式是相互对应的。根据思维活动的特点和人对对象的掌握程度，可区分为抽象理性思维和具体理性思维；在逻辑学研究范畴内，思维被划分成形式逻辑思维与辩证思维这两大类型；在哲学领域中，思维被区分为形而上学思维与辩证思维这两大类别。实际上，所谓的形式逻辑思维，指的就是抽象理性思维。

（一）抽象思维的含义

在人们的认知活动过程中，借助概念、判断和推理等多种思维形式开展理性或概念层面的思考过程，并以逻辑手段反映现实情况，这些都属于抽象思维的范畴。

抽象思维方式以客观现实变化的内在规律为基础。在实际操作过程中，人的大脑需要对感性材料进行加工处理，这会使认知过程出现突变。一旦概念形成，且对事物的本质、整体以及内部联系有了理解，就能认识到事物固有的规律。基于此，我们可以进一步运用由概念构建的判断，并借助这些判断展开逻辑推导。在这一阶段，人们可以利用概念进行判断和推理，这也意味着思维进入了理性阶段。概念、判断和推理构成了抽象思维的具体表现形式。

（二）抽象思维训练

1. 概念思维训练

在日常生活中所接触的概念，本质上是事物固有基本属性在人类思维中的反映。在对高中生开展概念思维训练时，需着重把握以下要点。

（1）初步了解概念特性

第一，概念的客观性与主观性。概念的客观性表现为它是对客观事物进行抽象和概括的结果。而其主观性则主要体现在概念的形式方面，即概念是以感性材料为基础，经过复杂的加工和构建过程，摒弃了感性事物中那些非本质的、偶然的丰富表象，提取出事物中本质的、必然的、普遍的、共通的特征，再用词语对它们进行定义，由此形成能反映事物本质的概念。

第二，概念的确定性。虽然客观事物整体上处于绝对运动之中，但每一个具体事物及其发展过程都具有一定的稳定性，每个事物都有其自身特定的质的规定性和确定性，每个事物与其他事物的差异也是明确且确定的。这从根本上保障了概念的确定性。

第三，概念的抽象性。在抽象思维里，概念体现为内涵与外延之间的对立统一关系。这些概念既具有抽象性，也具备具体性。抽象思维在研究概念时，把概念的外延看作概念所指对象的范围和数量，将内涵视为该范围内所有对象共同具备的特性，进而总结出一个规律：一个概念涵盖的范围越广，其实际含义就越窄；相对而言，当外延范围缩小时，它所包含的意义就会增多。

（2）概念内涵与外延的训练

概念与语言的关联体现了思想内容与语言形式的紧密联系，二者差异显著。一方面，概念的形成与表达依赖于特定词语；另一方面，词语可代表特定事物，说出时能够被理解，并能够在思维中形成特定概念。为区分概念，可从以下四个维度进行训练。

第一，概念虽需借助词语表达，但并非所有词语都能准确传达概念。实词主要用于描述概念，虚词通常不表达概念。

第二，某些概念可用单个词描述，如“建设”“社会主义”“精神”“文明”；某些概念则通过短语表达，如“建设社会主义精神文明”。

第三，同一概念所使用的词语形式并非固定不变，可能存在多种表达方式。例如，在汉语中，“自行车”、“脚踏车”、“单车”、“洋马儿”（四川方言中的自行车）均被视为同一概念。

第四，不同概念在语言上可能呈现相似形态。换言之，相同词语可能代表不同概念。

2. 判断思维训练

概念是一种浓缩的判断，而判断则是已充分展开的概念，它是基于概念衍生出的一种更为高级且复杂的思维形式。判断可理解为对某一事物状态的清晰判定，或者更精准地说，是一种对某一客观事物具备某种属性的肯定或否定的思维模式。

判断的基本形式是“主词—系词—宾词”。例如在“开好在杭州举办的亚运会是全中国人民的共同愿望”这个判断中，主词是“亚运会”，宾词是“愿望”，“是”为系词。

用于表达概念的语言多为词或短语，而用于表达判断的语言多为陈述句，例如：“江南的秋色是迷人的。”感叹句、祈使句和疑问句一般不用于做出判断。不过，也存在一些特殊情形，部分感叹句可用于做出判断，例如：“西湖的夏日，实在美不胜收！”反问句借助疑问的形式来传达更确切的意思，例如：“我们难道真的会被这些微小的成就冲昏头脑吗？”

判断可分为简单判断与复合判断。

（1）简单判断训练

简单判断，亦称直言判断，仅涉及一个主词、一个宾词以及一个系词的判断。简单判断还可进一步细分：依据系词的性质，可将其分为肯定判断和否定判断；根据判断对象的数量，可将其分为单称判断、特称判断以及全称判断。

（2）复合判断训练

由两个或更多简单判断组合而成的判断称为复合判断。构成复合判断的基础判断称为复合判断的支判断。

3. 推理思维训练

推理是由一个或几个已知的判断推出一个新判断的思维过程。例如，已知“符合入团条件的共青团员都是热爱中国共产党的”。根据这个判断，可推知“不热爱中国共产党绝不是符合条件的共青团员”。

推理由前提和结论两部分构成。前提是依据已有信息做出的推理判断，结论则是根据这些前提推导出的新判断。前提和结论之间的关联，通过理由与推断、原因与结果的相互关系来体现。在汉语表达中，因果复合句以及含有因果关联的句子组合，都用于呈现逻辑推导过程。依据推理的推进方向与表现形式，可将其划分为演绎推理和归纳推理两类。

（1）演绎推理

演绎推理的核心特征在于，从普遍性原理或普适性情境出发，推导出关于特定事物的结论。演绎推理包含三段论推理、假言推理、选言推理等多种逻辑形式。

（2）归纳推理

归纳推理是一种思维范式，通过对特定实例的归纳分析，推导出同类事物的普遍性结论。教师可依托阅读教学，通过对具体课文段落的深度解析，帮助学生初步掌握推理思维模式。以《崇高的理想》的第二自然段作为示例，先借助归纳推理的方法，明确理想具有社会性和阶级性这一特性。接着，依据这一所得结论，通过进一步推理推导出另一个结论：“因此，我们在谈到理想问题的时候，就要分辨出什么样的社会和什么样的人，而这些人又抱有怎样的理想，然后才能作出确切的评价。”

4. 抽象思维规律训练

为了精准地通过口头表达和书面文字来阐述观点，我们必须保证概念的清晰明确、判断的恰当合理以及推理的符合逻辑。而要达成这些要求，还需要严格遵循形式思维的基本准则，这些准则涵盖同一律、矛盾律、排中律以及充足理由律。

（1）同一律训练

“同一律”是关于思维精确性的规律，即在使用同一概念时，必须保证其意义、外延及内涵的一致性，不得随意变更其本义。无论判断或论题，均应保持其内在一致性，不得在过程中随意改动。

（2）矛盾律训练

矛盾律阐述了思维连贯性的规律，即在同一时空框架内，不得对同一对象做出相互矛盾的判断，以免引发思维逻辑冲突。

（3）排中律训练

排中律是关于思维明确性的规律，即在同一时空维度下，针对同一事物的两个相互矛盾或对立的论断，必须做出明确选择，肯定其一而否定另一，不存在第三种可能性。

（4）充足理由律训练

充足理由律是关于思维根据性的规律，即思考须基于已验证的正确观点，而观点亦须有已验证的正确观点作为其充分依据。否则，此类思考与观点将不符合充足理由律的标准。

以上四条规律相互联系在一起，任何正确的论断与论断体系，皆须同时遵守这四条形式思维的规律；也就是说，这四条规律是统一的，统一于正确的、符合逻辑的思维论断之中。

5. 类比思维训练

在认识客观事物的历程中，有时可按照两类事物的相同属性，推出其中一类事物的未知属性与另一类事物的属性也完全相同，这种思维形式，就是类比思维。

类比作为一种从个体推及个体的思维路径，长期受到学界的高度关注。开普勒将其誉为“自然秘密的参与者”，并视其为自身“最好的老师”。康德指出：“当理智缺乏可靠的论证思路时，类比这个方法往往能够指引我们前进”。这些论断充分彰显了类比在思维过程中的核心价值。

（1）立意类比训练

立意类比，就是抓住异类事物之间的相似点，进行由此及彼、由表及里的分析提炼，以求得与类比事物本质特征相似的道理，从而确立文章的中心论点。

（2）论证类比训练

论证类比法是一种基于类比推理的论证方法，该方法将两个具有相似性的事物置于同一分析框架内，依据已知事物的某些特性推论并验证待证事物的属性，属于求同或求异的论证方式。

类比论证与比喻论证在“比”的维度上存在共性，二者均属于比较论证。其差异体现在：比喻论证主要借助具体喻体实现抽象概念的具象化，有助于以生动形象的方式阐释道理；类比论证则主要依托直接类比揭示事物的本质属性，揭示其内在逻辑，并凸显其独特性。

6. 纵横思维训练

纵横思维的训练体系包含纵向与横向两个层面。纵向思维是一种依据时间演进与事物发展脉络进行问题剖析的思维模式；横向思维则是一种以特定事物为基点，向与之相关的其他事物进行辐射性联想的思维模式。

（1）纵向思维训练

纵向思维是相对于横向思维而言的，任何事物从开端、经过到结局，都有一个纵向的发展历程。

（2）横向思维训练

此种思维方法运用极广。在说明文中以空间转换为顺序的，即可使用横向思维结构。

7. 课堂抽象思维训练

如何借助课堂教学培养学生的抽象思维能力？通过议论文教学，可有效训练学生在分析、整合、抽象提炼及系统化构建等方面的抽象思维技能。为强化学生的分析综合能力，应先与单元教学相结合，以具体课文为例，可引导学生开展段落总结、中心思想归纳等常规训练；在单元学习阶段，应指导学生将零散知识点进行系统化整合。在学期末，须对整本教材展开全面分析。待学生完成学业后，由于平时具有了较强的分析、综合能力，就能有条不紊地进行总复习。

在课堂教学中，运用比较教学法是培养学生抽象思维的有效途径，可使其思维更具条理性与深刻性。学生通过对教材中的论证方法进行深度剖析与比较，可以更清晰地把握归纳法、演绎法、类比法、层递法及引用法等论证方法的独特价值，以及其在论证过程中所发挥的作用。此举有助于深化对论证思维过程的理解。

为促进学生思维的有序性与深刻性，各学科均应注重知识的系统化构建。以语文学科为例，为帮助学生构建系统化知识体系，可以鼓励其编制结构提纲、论证提纲、说明提纲、人物提纲、景物提纲、事件提纲及课堂讨论提纲等。从单元或整本课文的视角出发，还可编制单元提纲与期末复习提纲，以此指导学生设计各类知识系统化表格，便于其进行归纳与整理。

三、辩证思维与语文教学

辩证思维是一种思考模式，这种模式能在人脑中重新呈现客观对象，这些客观对象处于运动状态，且具有多种特性规定。换一种说法来理解就是：辩证思维要求从多样性的统一方面去认识和理解现实世界。

（一）辩证思维含义

所谓辩证思维，是指一种可映射客观现实的辩证法思维模式，既可以体现为有意识的思维活动，也可以表现为无意识的思维倾向，都遵循辩证法的原则来展开思考与分析。恩格斯指出，辩证思维仅为自然界中普遍存在的对立中的运动的一种反映。

辩证思维与思维的辩证法虽然在部分层面上存在差异，但二者之间仍保持着紧密的关联。思维的辩证法聚焦于思维本身所固有的辩证特性，同时也涵盖思维活动在发展进程中所遵循的辩证法则。

思维内容的辩证运动与发展，譬如我们认知事物的过程，是由无知至有知、由知之甚少至知之甚多，由认识部分至认识整体，由认识现象至认识本质，由认识个别至认识一般，诸如此类，都是从感性具体出发，通过有目的的思维活动达到思维抽象，再由思维抽象回归思维具体的辩证运动过程。这一思维过程是通过概念、评判、逻辑推演等多元思维形式的冲突而得以展现的。思维中的辩证法并非仅存于思维活动之内，还在思维活动过程中扮演着关键角色，它是认识发展的规律。最终，它把客观事物的辩证法在认识中加以再现，这就实现了辩证思维。

（二）辩证思维的特征

1. 全面统一地认识事物

辩证思维考察事物，必须看到事物的正面与反面、侧面以至各个方面，由此将事物组成一个统一体去认识；力求从中找出决定事物本质和事物运动发展的特殊矛盾，即找出事物的既相互对立又相互联系的两个方面，把事物当成对立面的统一体来把握。

2. 灵活变化地考察事物

辩证思维在探讨事物本身及其在大脑中的反映情况时，并非处于静止、一成不变的状态，而是始终处于持续的动态变化过程。它致力于研究事物当下的存在状态、过往的发展历程以及未来的演变趋势，它始终会把现存的事物，看作历史发展长河中的一个特定阶段或关键环节来开展研究。正如马克思着重指出的那样，我们在对现存事物予以肯定性理解的同时，也必然包含着对现存事物的否定性理解，对于每一种已然成型的事物形态，都是从其不断运动变化的过程出发，也就是从其具有暂时性特征的角度来加以把握的。

3. 系统联系地考察事物

辩证思维在评判事物时，要规避孤立、片面地看待问题，而应把事物当作内部各要素与外部环境相互关联、彼此作用的有机整体或系统来分析。基于这样的视角，我们要深入剖析事物外部因素与内部因素之间的相互作用关系，以及该事物同其他事物之间产生的相互影响和制约情况。借助这种思路，就能把不同事物放置于特定系统框架中，开展全方位、彼此关联的思考。

4. 具体地实践地考察事物

辩证思维是从实际操作的层面出发，其核心目标在于获取针对认知对象的确切真理。随着认知的深化，人们越发认识到，事物本身及其相互关联所涉及的实际操作环节，必然会对辩证思维的完整过程形成约束与影响。也就是说，若要开展辩证思考，实践过程必然是思维活动的根本支撑。我们应当立足实践，审视语文教学的核心理念、基本准则、教学框架、教材选用以及教学方式是否契合教学标准与育人目标。唯有如此，我们才能更透彻地理解语文教学改革的内在逻辑，切实解决现实问题。辩证思维是一种贴合实际的思考模式，此处“具体”强调的是与语文教育、教学领域客观现状及其内在规律的高度契合。

（三）辩证思维训练

辩证思维的核心要义在于将事物的矛盾运动视为一个多元融合的整体，并在思维过程中予以复现。因此，我们须明确认知：思维进程需借助思维形式与方法的冲突与碰撞，历经特定阶段和程序，这些必经的阶段和程序，就是辩证思维的规律。辩证思维既是一个复杂的思维历程，也是思维活动的最终成果。通常，人们将达成辩证思维前的思维活动过程称为辩证思维的形成过程，这表明思维活动需经历特定的发展阶段。辩证思维是思维运动的结果，这从相对意义上说是完成了的辩证思维，它已再现了对象多样性的统一。在辩证思维的多样规律体系中，最为核心的是对立统一原则。从唯物辩证法的角度考虑，它对其他规律具有制约与引导作用。因此，在语文教学中开展辩证思维训练时，我们必须予以充分重视。

1. 对立统一思维训练

第一，辩证思维映射了客观事物中矛盾的动态演化，而辩证思维原则受制于这些矛盾运动的内在规律。事物间的矛盾运动遵循对立统一的基本法则，此法则揭示了事物变迁与发展的根本动因与源泉，构成了宇宙运行的底层逻辑。诸如量变质变规律、肯定否定规律等，均可视为对立统一原则的具体呈现。

第二，列宁曾明确指出：统一物之分为两个部分以及对它的矛盾着的部分的认识，是辩证法的实质。列宁所言的“统一物之分为两个部分”指向客观辩证法，而“对矛盾着的部分的认识”则指向主观辩证法，即辩证思维。所有辩证思维均具有一个共性特征，即运用对立统一的思维方式或规律来解析事物。

第三，在辩证思维过程中，对立统一原则发挥着核心的指导作用，辩证思维的各种形式、策略及其他原则均需遵循其指引。例如，在辩证思维的概念体系中，确定性与变动性、个性与共性、局部与整体等范畴均呈现对立统一关系；在辩证思维的判断活动中，揭示概念内涵的过程必然涉及对立统一关系的呈现；辩证思维的逻辑推论，如从矛盾一方推导出另一方、从特殊性推导出普遍性、从现状推导出趋势等，均揭示了思维在对立关系中的动态转化。

从辩证思维视角来看，归纳与演绎的结合既是对事物特殊性的认知，也是对事物普遍性的认知的对立统一；分析与综合的结合实质上是对事物局部的认知与对事物整体的认知的对立统一；思维从具体到抽象的跃迁是具体思维与抽象思维的对立统一；逻辑与思辨的统一则代表了主观与客观、理论与实践的对立统一。由此可见，对立统一思维规律，是辩证思维的形式、方法得以形成乃至构建辩证思维训练体系的内在根据。

2. 质量互变思维训练

事物不仅具备质的特性，亦蕴含量的属性，我们应学会从质与量相统一的角度去审视与分析事物。此外，我们还需认识到，事物内部存在的矛盾与冲突可能引发事物从量变到质变、从质变再到量变的持续演进。当事物的数量积累至某一临界点时，便会引发质的飞跃，因此我们需学会将量的变化与质的变化相结合来剖析事物。

（1）质与量统一思维训练

在课文中，存在诸多描述质与量关系的段落。例如，叶圣陶在《两种习惯养成不得》中提及，谈及好习惯的养成，实则是一个渐进积累的过程。习惯的养成，便印证了量的积累引发了质的转变，进而实现了质与量的和谐统一。至于坏习惯的形成，则涉及质与量相互融合的过程。

（2）量变促成质变思维训练

在语文教学过程中，由量变引发质变的现象屡见不鲜。以《劝学》一文为例，该文首先阐述了学习的重要性：学习能够改造人的本性，“君子博学而日参省乎己，则知明而行无过矣”。文中的“博学”与“日参省”经历了一个持续的量变过程，最终促使“知明”与“行无过”的道德修养跃升至新高度，实现了质的转变。

3. 肯定与否定思维训练

此训练同样是对立统一原则的具体呈现。唯物辩证法主张：对任何事物的绝对肯定或绝对否定均不恰当；应肯定其应肯定的部分，否定其应否定的部分。这要求我们学会运用二分法策略来剖析各类事物。

4. 事物的个性与共性思维训练

该训练的核心宗旨在于帮助学生领悟“同中有异，异中见同”的理念，并掌握从事物的独特性与普遍性的关联中解读事物的方法。

针对个性与共性的思维培养，可通过融合课文导读、作文评析及影视戏剧评论等多种途径予以实施。

5. 事物的矛盾与转化思维训练

矛盾是事物发展的普遍现象，每一事物的发展均伴随矛盾，故需培养学生从矛盾普遍性视角分析事物的能力。

矛盾具有特殊性，同一事物在不同发展阶段会呈现不同属性，因此需引导学生深入剖析这些矛盾。在复杂矛盾体系中，存在主要矛盾，需培养学生理解主要矛盾和次要矛盾之间关系的能力，应紧扣主要矛盾分析问题。事物矛盾有主要方面与次要方面之分，需培养学生理解矛盾辩证关系的能力，并学会从全局角度分析事物。矛盾在特定条件下可相互转化，故需培养学生运用矛盾转化视角分析事物的能力。

（1）矛盾普遍性思维训练

课文《谏太宗十思疏》与高一第一册教材中的《邹忌讽齐王纳谏》，均为训练学生认知矛盾普遍性的典型案例。邹忌以自身经历为喻，劝勉齐威王广开言路、纳谏除弊、明辨治道，进而实现齐国强盛。在此过程中，矛盾始终贯穿其中。如何有效应对这些矛盾？邹忌先以私事为引，于文中详述其妻、妾、客的言论，凸显自我省察的重要性。随后，齐威王借私事与国事之比，从二者共性中汲取智慧，终获顿悟。

《谏太宗十思疏》成文于唐代贞观十一年。彼时，唐朝文化昌盛、武备精良。然而，唐太宗渐生骄奢之心，对百姓的徭役加重，民怨随之滋生。这是矛盾普遍性的具体体现。魏徵立足国家长治久安的需要，深入阐释“居安思危、戒奢以俭”的理念，并向唐太宗提出“十思”。此举亦可视为化解君民矛盾的策略。

（2）矛盾特殊性思维训练

矛盾所具备的独特属性，在其普遍性框架内亦不可回避，此乃矛盾特殊性与普遍性间辩证关系的体现。

（3）主要矛盾思维训练

俗语有云，牵牛须牵其鼻。欲洞察复杂多变的事物，关键在于明辨主要矛盾，并妥善处理主要矛盾和次要矛盾间的相互关系。针对此问题，教师可提供相关教学素材，以助学生识别并剖析主要矛盾与问题。

（4）矛盾主要方面思维训练

事物矛盾包含主要方面与次要方面，需教育学生正确理解二者间的辩证联系。金无足赤，人无完人。巨人也有缺点，但有缺点的巨人还是巨人，这就是抓住了事物的主要矛盾方面。

（5）事物的矛盾转化思维训练

在矛盾之中，存在主要方面与次要方面、主要矛盾和次要矛盾。在特定环境与条件下，矛盾的主要方面与次要方面、主要矛盾和次要矛盾均有可能发生相互转化。

6. 分析与综合思维训练

从唯物的观点看，大千世界的任何事物都是多样性的统一体，语文教学正是这种统一体的多样性的再现。在语文学习过程中，为精准把握事物本质特征，需要对文本各部分进行细致剖析，深入探究其特质，并阐明各部分与整体、各部分之间的内在关联，进而洞悉各部分如何服务于核心主旨。此种通过拆解以理解事物的思维模式，我们称之为分析性思维。

在分析的基础上，还要把文章的各个部分进行综合，从整体上去把握文章、把握语文知识，这样才能掌握文章的精神实质。这种思维过程，叫作综合思维。分析与综合既有区别，又有联系，在读写活动中，一般不能截然分开，故经常结合起来研究其思维训练。

对议论文的分析与综合，通常需要经历提出问题、分析问题及探寻解决方案的步骤。然而，每篇议论文在分析与综合时，均具有独特主题及特定语言表达方式。以荀子《劝学》为例，其开篇即阐明“学不可以已”的全面论点，然后，探讨学习的深远意义，因学习能转变人的天性，如“君子博学而日参省乎己，则知明而行无过矣”。此处主要从道德修养层面阐释“学不可以已”的观点。

7. 比较思维训练

这是一种辩证性思维方式，旨在辨识事物间的相似性与差异性。通过对比事物差异、正反两面及变化过程，可以更深入、全面地理解事物本质。各类文体皆可作为比较思维训练的素材。在阅读教学中，实施有组织的练习，有助于有效提升学生的比较思维能力。

8. 递进思维训练

顾名思义，递进思维是一种由表及里、层层深入、循序渐进的辩证思维方式。其发展路径多基于事物间的内在联系，遵循人们从感性至理性、由浅入深、由一及多的思维活动规律，或逐层揭示事物本质，或由近及远逐步横向拓展。在此纵向或横向思维过程中，思考步骤多体现于各分论点之上，而思维联系则可通过承启、过渡性语句或段落得以实现。

9. 多侧面思维训练

矛盾着的事物往往存在着各个侧面，每一个侧面各有特点，要引导学生学习多角度地分析事物、分析问题。

进行多侧面思考不是漫无目的的，当选准了一定的目标、方向时，就要深入、执着地去思考，去研究。就写作来说，要博闻强识，善于观察与联想，才能从一定的侧面入手，写好文章。

综上所述，辩证思维构成语文学习的核心基础。唯有强化辩证思维训练，方能有效纠正学生在听、说、读、写活动中所呈现的偏颇、浅显、线性及绝对化等思维缺陷。如此，学生的思维才能够更加开阔、深入、全面、灵活与严谨，为创造性思维的成长奠定必要条件与坚实基础，同时也能使学生的思维发展适应四化的需要。

四、灵感思维与语文教学

在人类创造性的认知活动中，灵感被视作一种极为奇妙且美好的精神呈现。无论自觉或不自觉，灵感激发均在语文教学过程中发挥着一定作用。灵感作为人类高级的创造思维及心理活动，无论其表现形式多么繁杂，抑或触发条件多么独特，都需要遵循特定规律。对这些客观规律展开研究，将有助于激发学生在语文教学中的创新灵感，并有助于培养与提升学生的创造性能力。

（一）灵感的含义

灵感是人们从主观领域向客观世界探寻时最为愉悦且敏锐的邂逅，它彰显了人们的思维活动从量变到质变所催生的强大创造力。灵感可被视为思维过程中的一种偶然现象，是思维活动中的一种真实存在。倘若缺乏对外部世界的“汲取”，灵感的产生便会有所削弱。

（二）灵感的特点

1. 突发性

个体灵感可能源于外部偶然事件的触发，亦可能源于大脑内部思维闪念的激发，此类触发均超前于人们的预期范畴。

2. 奇异性

灵感的来源具有难以预测与探寻的特性，其消逝亦无声无息，无论是源于外部事件的触发还是内心思维的闪现，均非自发产生。

3. 综合性

钱学森曾提出，灵感是综合的，人类大脑的综合功能非常重要。综合性被视为灵感的核心属性之一。灵感的触发机制深深植根于人类大脑的综合功能之中。具体而言，灵感不仅与人类进化过程中的遗传因素相关联，还与个体的多才多艺、对事物的洞察力、知识的积淀、形象的思维以及理性的认知等方面紧密相连，因此，它展现出高度的综合性特征。

4. 不重复性

灵感活动乃认知高级阶段心灵与物质间的感应过程，是特定条件下主观大脑与客观事物间的突发性交流。鉴于不同个体所处的成长环境、面临的外部机遇，以及各自的心理特征与生理条件都存在差异，在相同环境中，若让 50 名学生在灵感迸发时去描绘校园里春日绽放的花朵，而非强制他们在规定时间内仓促完成答卷，而是等待他们情绪饱满、创作欲望强烈时再动笔书写，最终呈现的结果是，这 50 篇作文均展现出鲜明的个性特质。

5. 跳跃性

创新灵感源于智慧超越常规抽象思维后的突发性涌现，其理解方式并非遵循渐进式路径，而是在跳跃式认知变革中得以实现。

6. 模糊性

灵感的心理过程通过直觉、情感及潜意识等多种方式综合呈现，与大脑右半球存在更为紧密的联系，故其具备一定程度的模糊性，此特性有助于激发个体丰富的联想，并促进新形象与观点的形成。

7. 强烈性

此特性主要体现于文艺创作过程之中。对于文艺家与诗人而言，灵感无疑构成其内心深处的巨大触动。此现象使文艺创作者与诗人陷入极度激动的心境，乃至在灵感涌现之际，忘却自我与周遭世界。

作为语文教师，应顺应时代趋势，激发学生的创意灵感，使其毫无保留地接纳这些灵感，并把握每一个契机，创作出如诗般的青春赞歌。

（三）灵感激发三阶段

从灵感激发的实际过程出发，我们可以将其大致划分为三个主要阶段：信息摄入、信息触发、顿悟贯通。

1. 信息摄入

学生在课堂内外的学习活动中通常具有明确的目标指引，此类信息的获取被界定为显性信息获取。然而，在节假日期间，学生选择下河游泳、登山观日、歌舞娱乐、参与联欢或观赏文艺演出时，会不自觉地受到自然、社会及艺术美的熏陶。这种熏陶方式具备“潜移默化、润物无声”的特性，从而使学生吸收大量潜意识信息。通常而言，左脑更倾向于参与抽象思维相关的显性活动，而右脑则主要涉及直觉、求异思维、空间感知及艺术欣赏等领域，构成潜意识活动的核心区域。尽管显意识与潜意识是人脑中两个独立的思维体系，但鉴于它们均涉及信息的输入与输出过程，故存在相似之处。此外，这两个体系之间还呈现出相互补充、相互转化及互为表里的关系。当大脑摄入更多显意识并储存于记忆库中时，这些信息可能逐渐转化为更深层次的潜意识；反之，潜意识也可能因特定因素而转化为显性意识，并在这一过程中催生灵感。

2. 信息触发

灵感的涌现不应被动等待时机，而应主动探索与获取。

触发灵感的关键因素在于信息的准确性与有效性。信息的激发主要源于两个方面：一是外部的大量信息，二是个人思维中的内在信息。当这两者相互融合时，往往成为激发创意的关键信息。然而，触发信息的具体情境因人而异，部分人在写作时全神贯注、沉浸其中，常能获得触发灵感的信息。例如，在考试环境中，作文时间紧迫，但高质量的试卷往往能在全神贯注的状态下激发灵感。在日常写作中，尽管投入大量精力，但未必能发现触发灵感的关键信息。当苦思冥想而无灵感迹象时，偶尔的休憩与娱乐活动常能唤起新的灵感。

3. 顿悟贯通

顿悟贯通指的是当灵感信息被触发时，与创意灵感相关的思维信息迅速汇聚，实现潜意识与显意识的同步融合。这种瞬间涌现的灵感，使学生能够瞬间领悟其深层含义。

我国近代知名学者王国维在探讨古今成大事业、大学问者必经的三种境界时，引用了晏殊的《蝶恋花》一词：“‘昨夜西风凋碧树。独上高楼，望尽天涯路’，此第一境也。”此“第一境”可视为灵感激发的起始阶段，人们通过“独上高楼，望尽天涯路”的方式获取信息并孕育灵感。随后，他引用柳永的《蝶恋花》来表达：“‘衣带渐宽终不悔，为伊消得人憔悴’，此第二境也。”此“第二境”与灵感激发的第二阶段相似，已捕捉到触发灵感的关键时刻。最后，他引用辛弃疾的《青玉案·元夕》中的词句：“‘众里寻他千百度，蓦然回首，那人却在，灯火阑珊处’，此第三境也。”此第三境界与灵感激发的第三阶段高度相似，即产生对灵感涌现后的即时理解与领悟。

（四）灵感思维训练

1. 通过特定事物启迪灵感

人们在丰富的生活体验基础上，在酝酿、孕育阶段由其他事物的启迪而出现。

2. 学习新的思维方式

为何学生在作文创作过程中会陷入内容雷同、观点难以达成多元共存的被动局面？这与学生受困于单一僵化的思维模式紧密相关。当个体被固定不变的思维框架所束缚时，其创意灵感也会逐步陷入干涸状态。唯有当我们始终运用突破常规的思维模式来引导与培养学生时，他们的灵感源泉才能保持通畅流动。

3. 善于捕捉灵感的训练

灵感的显现常具有突发性与不可复现性，故需对其保持高度敏锐，迅速且适时地捕捉这稍纵即逝的灵感，以作写作之用。

4. 学生的灵感要靠教师启发

某教师为激发学生的创作灵感，提出如下观点：古语有云，“山之精神写不出，以烟霞写之；春之精神写不出，以草树写之”。受教师的激励与启迪，学生开始于日常生活中探寻生活意境与形象。

5. 语文教学中一些训练捕捉灵感的具体方法

（1）专注法

这种方法旨在消除杂念，集中精力，深入思考，最终激发出灵感。法国昆虫学家法布尔是《蝉》这篇文章的作者，他毕生致力于昆虫研究，并撰写了名为《昆虫记》的著作。

教学时应告诉学生，蝉没有执着的追求，享受不到刹那欢愉。作者没有坚持不懈的努力，写不出文中像散文诗一样优美的语言。我们只有全神贯注地学习、积累，才会厚积薄发，在需要的时候，涌现灵感。

（2）选择法

学生的生活、知识积累有别，心理素质各异。教师可以在学期结束或开学时，将数十道自由作文的题目及写作指导提示印发给学生，这样学生就有了更大回旋余地去选择时间与空间，就可有目的地到书山学海去采佳蜜，到生活的矿区去发现优质矿产。如此去发现、酝酿、构思，必然在百花齐放的习作中，充满了灵感。

（3）放松法

当写作任务无法顺利推进时，若强行提笔创作，那最终成果只能是草率应付之作；当面对难题陷入迷茫困惑时，即便绞尽脑汁反复思索，实际成效也往往不尽如人意。此时不妨尝试转移注意力，通过唱歌、跳舞、切换其他学科学习，或是单纯补个觉等方式放松身心。待精神倦怠感完全消散后，灵感便会如春风拂过荒野般自然涌现。

（4）轮流法

就是把专注法、选择法、放松法加以交替使用，往往会使灵感的花常开不败。

（5）情境营造策略

在语文审美教育过程中，教师刻意构建特定的氛围与情境。在此氛围与情境的激发下，学生脑海中与创作相关的素材，包括潜藏于潜意识的信息，皆随灵感的涌现而异常活跃。

五、直觉思维与语文教学

直觉思维与灵感思维均属非逻辑化思维模式，二者对客观事物的感知与解读多具突发性、非刻意性特征，常促成意外发现与创新突破，然而此类思维亦需以知识储备、经验积累及其他思维发展为基石。

（一）直觉思维的含义

直觉思维依托既有经验与知识体系，通过思维中的“直觉感知”机制，直接把握事物本质属性与内在规律。直觉可细分为艺术直觉与科学直觉两大类别，二者虽在情感介入程度上存在显著区别，但均能作为衡量抽象思维能力的有效参照。

（二）直觉思维的特点

1. 整体性

直觉是针对特定对象的直接感知机制，帮助学生从整体视角把握事物本质。在莎士比亚初次萌生创作《哈姆雷特》的念头时，整部剧作的核心立意以一种出乎意料的方式呈现在他眼前，他怀着炽热的情感去审视整部剧的背景架构、人物设定与结局走向。

2. 非逻辑性

这是直觉思维的显著特征。直觉思维主要倚重对事物的直观体悟，故难以遵循严格有序的抽象思维规律展开推演。其往往基于个体实践经验、科学认知、艺术素养、敏锐洞察力及快速决断能力，突破逻辑框架桎梏，迅速形成思维结论。因主体理解过程过于迅捷，客观上难以进行逻辑溯源，即便该理解具备正确性，此类直觉认知虽具价值却难以给出合理解释。

3. 潜意识性

除显性思维活动外，直觉思维在多数情境下呈现为潜意识的思维活动。换言之，直觉思维并非总是个体有意识主导的思维过程。

显意识与潜意识之间并无不可逾越的鸿沟，潜意识实为显意识的延伸形态。所以直觉思维的潜意识性实为显意识渐进性思维阶段的中断。此类中断常孕育着突破性机遇。在直觉思维过程中，潜意识与中断后新生的显意识实现融合，此类思维活动或可实现重大跃迁。

4. 飞跃性

直觉思维的生成并非如抽象思维般遵循线性逻辑，而是以灵活、迅捷、突兀、跳跃的形态呈现，充分彰显其跳跃性特质。当直觉思维涌现时，个体潜意识中的感知觉与情感倾向将迅速与显意识交互，从而即时获得直觉思维带来的认知满足。

（三）直觉思维过程

1. 准备酝酿直观感觉

感觉作为人类对客观事物独特属性的认知映射，构成直觉思维运作的基础性前提。

2. 触发直觉形成知觉

知觉基于人类感知系统，对外部事物的整体特征进行结构性反应。但从审美知觉来看，它应当是这些感觉的个别特征的综合反映。现在，直觉思维能力在许多国家的教育中受到重视。

3. 综合思考发展表象

相较于第一层次基于感官直接获取的形象，第二层次的知觉形象虽已超越对事物单一特征的映射，转向对事物整体特性的把握，却仍保留着反映客观现实的本质属性。表象形象本身已具备复合性特征，而对这类表象的深度提炼与重构，正是文学艺术领域塑造典型人物与场景的核心环节。

表象是人们在既往感知经验基础上，通过思维加工形成的具象化产物。即便客观事物未直接呈现于眼前，我们仍能借助文字、语言等符号系统，在意识中构建出完整可感的形象体系，这种形象体系即构成我们的直观认知基础。

由准备酝酿、直观感受，经触发直觉、形成知觉，到综合思考、发展表象，这一完整链条构成了对直觉思维运作过程的初步理解。

（四）直觉思维能力训练

1. 直觉观察能力训练

（1）由物景到情景

这一阶段是直觉观察能力的专项训练，核心任务在于强化通过类比联想与触景生情展开直觉观察的敏捷性。其根本目标在于依据写作实际需求，将直觉思维引向特定观察对象，促使观察行为从被动接受转向主动探索，形成独立的直觉活动。

（2）由景物到人事

这一阶段的直觉思维培养重点在于整合自然景观、环境要素与人物特质的观察范围，通过扩大观察视野来深化直觉感知的立体性。观察范围需涵盖事物的整体感知、过程观察、意义探究及特征识别：整体感知阶段要求在动态观察前形成对事物轮廓的直觉性把握，需重点验证各构成要素是否达成结构协调、比例均衡及功能适配；过程观察阶段强调在事物发展进程中捕捉动态特征；意义探究阶段通过深度观察解析事物承载的社会文化价值；特征识别阶段则需关注个体或对象间的差异化特质。

（3）由人事到社会

学生有了一定的生活与写作经验积累，就可进行由人事到社会的多侧面观察。高中生由人事到社会的直觉思维能力训练，最好结合学生熟悉的生活进行，以便收到更好的效果。

2. 直觉间歇思维训练

实践证明，我们在阅读与写作中，先对需要解决的问题进行一段时间集中精力的思考，伴随着对解决有关问题的强烈欲望，再休息一段时间，或进行其他学习，或做其他工作，或尽情玩一番，恰恰是在这个间歇时候，凭突然到来的直觉，使无法解决的问题一下子就获得了解决。

当然，有时候歇了较长时间，所需的直觉并未出现，这并不足为奇，原因在于直觉的出现，由于主客观的诸多因素，有的出现快，有的出现慢，有的要经过循环往复的工作学习与间歇方能出现。

3. 直觉艺术思维训练

艺术是通过个别特定的具体形象来表现现实的本质、典型的矛盾冲突，形象揭示所表现的人事情境的内涵。艺术家创造的艺术品，是人的情感生活在时间和空间上的双重投影，它既影响人的情感，又影响人的理智。这种影响，有助于直觉的出现。因此，为了培养学生的直觉思维能力，我们应通过语文教学中的文学艺术教育，适当地引导学生进行艺术实践。全国蓬勃开展的语文第二课堂活动，对培养高中生的艺术直觉思维能力就起到了良好的作用。例如中学语文教材中，有些情节较为生动的小说，适宜改编为话剧，举行“把课文搬上舞台”的课外活动，不仅有助于普及话剧的相关知识，还有助于培养学生的艺术直觉思维。

4. 直觉随记思维训练

直觉是一种突如其来的心理现象，它产生的影响是“爆发性”的，顷刻之间“涌上心头”。因此平时应教育学生，随时随地捕捉自己的直觉，并记录下来。如果不加以记忆，直觉所传达的信息可能会迅速被遗忘或变得淡漠，就不可能对自己产生多大影响。有的作家、诗人、发明家，随身带着笔和本子，随时将直觉记下，这对以后的创作或发明将极有用处。

5. 直觉睡梦思维训练

梦有酣睡中的梦与清醒的梦的分别。斯坦福大学医学院睡眠研究中心的拉伯奇描述了自己“清醒地做梦”的现象。他解释说：“清醒地做梦的人可以积极地参与解决梦境中的冲突，并且使情节有一个满意的结局。”具体地说，在睡眠前，他先对自己说：“当我下一次做梦时，我会记得我是在做梦。”然后，他想象自己躺在床上做梦，与此同时，将自己置身于梦中，并意识到他确实是在做梦。实践证明，很多人都有这种体验。

心理学家乌尔曼提出，梦境直觉可从四个维度解析：

其一，梦能构思出新事物；其二，梦可将碎片化记忆整合为完整的新形态；其三，梦可以建立个体与事物本质的深层联结，如玻尔梦中所见太阳与行星的旋转结构，为其原子模型理论提供灵感；其四，梦可以促进艺术创新，如塔蒂尼梦中灵感激发其创作《魔鬼的颤音奏鸣曲》。

在语文教学实施过程中，直觉思维训练应有所侧重：理论性教材应侧重于培养学生抽象分析与辩证推导的思维能力，而文学类文本应更契合直觉思维能力的培养需求。

同时，直觉思维训练，绝非三天打鱼两天晒网所能见效的，因此必须加强训练的计划性，如写观察日记，就是一种好的办法。此外，学生注意力涣散、思维游离的状态会直接影响直觉思维品质，故而激发学生阅读与写作的内在驱动力至关重要——优质的直觉思维成果往往诞生于深度沉浸的认知状态。最后需明确的是，直觉思维与科学思维存在本质差异。

六、创造性思维与语文教学

21 世纪的语文教学需要“面向现代化，面向世界，面向未来”，这意味着在教授学生语文知识的同时，也要培养和训练他们的创造性思维。

（一）创造性思维的内涵

创造力体现为个体开展创造性实践活动的核心能力。这种能力依托于知识储备与实践经验的持续积累逐步形成，既包含敏锐的观察力、精准的记忆能力与创新性思维模式，也涉及个体的心理特质、情绪调节能力及意志品质等多维要素。因此，创造性本质上是人类认知活动高度发展时所呈现的综合能力。

创造性被界定为思维或行为活动中展现的独特属性或发展倾向，即通过相关活动产生的成果具备显著创新性。在评估学生的创造能力时，必须充分考虑其现有知识经验积累的实际水平。

创造性成果的生成过程即创造过程，该过程包含准备、积累，酝酿，灵感、顿悟，完善、表达，实践检验等五个阶段。这一过程是从社会层面展开的创新活动过程。教育活动作为系统性创新实践载体，其重要性不容忽视。现代教学理论特别关注学生在知识体系构建与经验整合过程中展现的创新潜能，以及其参与创新性实践活动的行为倾向。对这种活动与倾向，语文教师应具备针对性指导的能力。

创造性思维可定义为在面对科研或艺术创作领域复杂问题时，运用独特新颖的思维方法，形成具有社会价值的新观念、新理论、新知识及新方法的认知活动。创造性思维是一个有多个层次的思维体系。它以不同层次的知识信息、不同智力水平为基础，构建出有层次差异的新型价值体系。就像人的知识储备有厚有薄、聪明程度有高有低，性格心态这些心理素质也各不相同，所以在进行创造活动时，每个人表现出的创造力水平和实际成果自然也就不一样。

（二）创造性思维的特征

创造性思维的主要特征包括：积极的求异性、洞察的敏锐性、想象的创造性、知识结构的独特性、灵感的活跃性。

1. 积极的求异性

求异思维的本质在于捕捉各类现象间的差异特征，挖掘已知与未知领域间的潜在矛盾，并辨析现象与本质的偏差。这种思维模式要求从多元视角切入，包括多维度分析、多路径探索、多起点推演、多层次拆解、多原则校验及多结果预判，在多种思维路径的碰撞对比中，筛选出具备原创性和差异性的解决方案。

2. 洞察的敏锐性

洞察是知觉感知与逻辑推理交织的复合认知过程。在深度洞察阶段，需持续将观察对象与既有知识体系或预设假设进行验证。通过比对事物间的共性特征、个性差异及重复性规律，可提炼出事物发展的必然规律，进而催生突破性发现或技术革新，这也是创造性思维的核心特质。具备高创造力者对环境信息具有超常感知力，其认知系统始终保持积极活跃状态，能够精准捕捉现实矛盾并提出创新性问题，继而启动问题解决流程。因此，敏锐的洞察能力构成创新思维的核心心理因素。当具备这种能力时，在语文学习过程中可实现精细化思考，对问题做出精准研判并快速形成结论。

3. 想象的创造性

创造性思维始终与突破性想象相辅相成。突破性想象可对既有认知进行动态重构，为思维活动提供不同路径。尽管想象可能包含主观臆测、非实证信息及偏差性认知，但其本质是感性认知向理性认知跃迁的关键。

4. 知识结构的独特性

所有科学文化领域的创新均基于现有知识体系演化而来。新型创造性思维成果实质是对既有知识的突破性重构。因此，创新思维与既有知识储备存在内在关联，但二者具有本质区别。由于创造性思维包含多种因素，既需要知识储备提供信息支撑，又需要将知识转化为思维因素和智力因素。若缺乏这种转化，知识体系将变成限制创新的桎梏。一般而言，完备的知识结构应包含扎实的基础知识储备与深度的专业领域认知。

5. 灵感的活跃性

从创新思维角度来看，灵感作为突发性复合心理现象，反映大脑信息处理系统的最优功能状态。灵感常常能突破思维瓶颈，强化神经兴奋的选择性传导，促成神经突触的瞬间贯通，使思维活跃度达到峰值。语文教学实践表明，创造性思维发展较优的学生，其灵感触发机制更为灵敏。

（三）创造性思维过程

创造性思维的过程分为准备阶段、实施阶段和成功阶段三个部分。

1. 创造性思维过程的准备阶段

创造性思维过程的准备阶段是指在未进入具体创造过程前所进行的主观与客观条件的准备，主要包括以下四个方面的准备。

（1）一般知识与专业知识的准备

在中学教育体系中，各学科知识形成一个大的基础系统，其中语文学科作为核心枢纽，承担着基础性支撑功能。语文素养的完备程度不仅直接影响其他学科知识体系的建构质量，更制约着创造性思维能力的系统化发展。当知识储备呈现结构性缺陷时，学生将难以建立跨学科认知联结，导致思维发散性受限，进而影响问题解决方法的创新性生成。

（2）一般技能与专业技能的准备

一般认知能力体系包含基础语文技能（听、说、读、写）与创造性思维技能（记忆、想象、分析、综合）这两个层面。当这些技能与语文学科专业特性深度融合时，即转化为语文领域的专项技能。上述能力要素相互交织、协同作用，共同构成学生语文学科学习所需的素质。

（3）理想、个性与心理的准备

崇高的理想能够产生强大的动力，可以推动学生战胜困难与挫折，不会因升学考试失利而走向沉沦。

（4）个性的健康发展也是学生进行创造活动的必要准备

个性的健康发展要以必要的知识、能力为基础，还要在创造过程中处理好各种关系，分析、解剖、充实自己的知识，个性健康发展了，才能克服各种心理障碍，做好创造的准备。

2. 创造性思维的实施阶段

进入具体创造阶段遇到的问题是：创造什么？怎样创造？首先是确定方向、总体设计。确定方向要考虑诸多因素：自己的特长、爱好、条件，应扬长避短，找到自己的恰当位置。总体方向确定后，应选择好具体的课题。选择课题要进行多方面的可行性分析，考虑好相应的方法。

当开始进行创造性思维活动时，还需要学习相关的资料，避免无效的劳动，以确保创造性活动能够顺利进行。资料要准确可靠，哪些该用，哪些不该用，师生可共同研讨。

在开展创造性思维活动的过程中，必然会遭遇阻碍与挑战；客观环境和主观条件中均包含积极与消极的双重因素，需要主动调动积极因素，消解消极因素，以推动创造目标的最终达成。

（1）在诱发兴趣中创造

以《藤野先生》教学为例，教师可进行“原题重构”的认知训练：首先揭示文本选自《朝花夕拾》（原名《旧事重提》）的版本事实，然后通过“题旨重构”来设计问题，触发学生的认知冲突。在对比分析中，学生逐渐了解“夕拾”的双关修辞——既表明回忆的时空维度，又隐喻情感采撷的审美维度。当“朝花”意象被阐释为“青少年生活的诗意隐喻”时，文本的诗性特质就显现出来了。这种深度对话，不仅让学生们对回忆性散文的诗意和情感深度有了更深入的了解，还激发了他们的学习热情。在完成课文教学后，教师可以为学生布置《朝花颂》与《童年拾趣》命题作文选择，这能够促使学生的创意思维在充满兴趣的氛围中迅速打开。

（2）在质疑研讨中创造

开展创新实践时，需在现有知识积累上实现新突破，教师应注重引导学生质疑探究，通过质疑对话与研究过程激发学生创新思维。

（3）在分析、综合中创造

综合分析是思维能力的关键部分。通过深度分析，可以精准把握事物的本质、结构、特征、属性及内在规律，区分其表象与实质，从而深化认识。借助综合整理，可以全面掌握事物全貌及其关联性，认识事物间相互作用机制与内在逻辑。只有通过此类抽象化思维训练，才能培育出真正的创造性思维能力。

（4）在发散中创造

创新思维本质上是发散思维与聚合思维的协同运作。发散性思维要求突破思维定式，通过多维度视角探索解决方案，避免陷入单一化、模式化的思维困境。其典型特征表现为思维流畅性、灵活应变性及创新独特性。

3. 创造性思维的成功阶段

通过积极的创造性思维，可以获得令人欣喜的成果。就教学方面来讲，要通过对创造性思维能力的测试来加以检验，有哪些收获，存在什么问题，以便教师对教学进行改进；就学习的方面来说，通过测试也能明白学生自身的长处与不足，有利于学生正确地进行自我评价，也有利于创造性思维能力的进一步发展。

（四）创造性思维训练

1. 思维灵活性训练

可以从各种不同的视角和方面，采用多样的方法来培养思维的灵活性。除此之外，还可以从多种表达方法的训练、一题多做的各种设计等方面，来反复训练思维的灵活性。

2. 想象能力训练

（1）再造想象训练

基于特定的文字或图像描述，我们能够在脑海中构建出细节鲜活、仿佛真实存在却从未目睹过的事物形象。如教《故乡》，要求学生根据课文对闰土的形象进行描述，要在脑子里浮现其形象，仿佛真的看见了闰土一样。

（2）创造想象训练

开展创造想象训练时，学生基于自身已有认知，在思维中构建出从未实际接触过的新形象。为有效激活想象力，需广泛积累各类感官经验与知识素材，并掌握深度剖析与整合信息的能力。

以下为几种可操作的想象训练方法。

其一，类比想象法。以具体事物为起点，推演其与抽象概念或相似事物间的关联性。例如将“具体可感的物理形态”与“抽象延伸的象征意义”进行关联，构建从具象到意象的思维过渡。

其二，因果推演法。既可从事物发生根源出发，推演其可能引发的连锁反应；也可从既定结果反向追溯，还原导致该结果的潜在逻辑链条。

其三，辐射发散法。选定某一核心事物作为思维支点，向生活经验、学科知识等不同维度延伸联想，形成立体化的思维网络。

3. 发散性思维训练

发散点聚焦于材料、结构、形态、组合、方法、因果及关系等多重维度，训练旨在强化思维的流畅性、灵活度与创新性。

（1）材料发散训练

将特定物品作为“基础素材”，并围绕此素材深入探索其多元功能与应用场景。

（2）形态发散训练

世间万物均具备独特形态特征，涵盖外观、色泽、声响及气息等层面。基于这些特性，可构思多样化的利用途径。

上述两种训练策略的核心目标在于提升思维流畅性，促使个体能够从多元视角迅速提出某一问题的多用途解决方案。

（3）组合发散训练

选取某一具体事物作为发散起点，展开丰富想象，并尝试将其与另一事物进行融合，以探索创造新事物与新价值的多种潜在可能性。

（4）方法发散训练

开展方法发散训练时，我们可选取人们应对问题或开展实践活动的某种具体方式，探索该方式在不同场景下的多元应用可能。以语文学科学习为例，其方法体系涵盖背诵记忆、情境仿写、文本解构、跨媒介联读等数十种具体路径。当学生根据自身认知特点与学习阶段，将不同方法进行组合匹配、动态调整时，既能通过多维度输入强化语言知识的系统建构，又能在方法迁移过程中激活知识重组与问题重构的创造性思维潜能。

4. 聚合性思维训练

创造性思维本质上是发散性思维与聚合性思维的协同作用。若一味强调发散而忽略聚合，则创新品质难以跃升。因此，在语文学习过程中，应着重强化聚合性思维能力的系统培养。

（1）通过选择训练提升聚合能力

当学生从多个不同角度进行思考后，能够从众多假设中筛选出最合适的解决方案。在筛选过程中，不仅需要开展评估与判断，还需运用综合性思考方式。

语文教学应遵循精讲巧练原则。在精心筛选的教学材料里，要把最核心的内容传授给学生；为实现巧妙练习，需在精心设计与挑选练习材料的过程中，整合恰当的题目，引导学生进行高效练习。只有深入讲解并巧妙搭配练习，才能做到以少胜多、以一当十，进而提升教学效果。选择结合与运用深入讲解、巧妙练习的创新教学方法之间，存在相互的因果联系。

（2）通过综合培养提升聚合能力

在综合过程中，能清晰地看到正反两面的差异。我们应积极整合前人智慧，深入剖析他们成功的关键要素，并持续推进创新。在语文教学中，存在多种综合训练方法，如议论、解释、叙述、描述和抒情等表达技巧，教师可依据这些方法开展创新性教学设计。

科学发展的生命力源于创新，创造性思维能催生新理论、新思想，开辟科学新领域。在语文教学中着力培养学生的创造性思维，塑造具备创新精神的新生代，开发智力潜能，方能实现“人才辈出、各领风骚”的教育愿景。

第二节　语文教学中的思维训练

在人类的智力结构中，思维处于核心地位，是智力活动的主要调控因素。要是思维无法积极投入到智力活动里，我们的知觉就会失去理解能力，记忆会变成机械重复，想象力也难以对表面现象进行深度处理，如此一来，写作创新也就没了意义。

语文基础训练包含教师的指导与学生的实践，这两方面紧密相连，在语文教学的整个过程中都有清晰的目标和规划，但所有语文基础训练都是在思维的引领下开展的。所以，思维能力的培养与提升是语文课程的关键要点，也是语文课程的核心所在。要是能精准抓住思维能力这一核心矛盾，就可以高效推动各项教学任务的开展，解决语文课堂上出现的各类问题和矛盾。

按照不同标准，思维方式可以划分为多种类型。在语文教学的思维训练中，我们应积极培养和发展各类思维方式，像形象思维、抽象思维、直觉思维、辩证思维以及创造性思维等。这些多样化的思维训练，能有效提升学生的多种思维能力。

接下来将主要从阅读、写作、听话和说话这四个方面来探讨语文教学中的思维训练途径。

一、阅读思维训练

阅读能力的核心在于阅读过程中的思维方法运用。在阅读实践过程中，主体始终处于积极的思维状态。面对同一课文，部分学生表现出理解障碍，部分学生仅能把握表层语义，而部分学生则能实现深度解析、透彻领悟并做出合理评判。这种差异性的根源在于阅读思维能力的差异，其核心体现于对文本的理解与评判维度。

阅读理解既构成思维过程的阶段性成果，又呈现为思维能力的外化表征，集中体现了阅读思维活动的本质特征。因此，阅读理解是指：读者依托既有的知识和经验，通过联想、想象、判断与推理等思维活动，将新感知到的信息与文本材料进行整合，进而理解阅读材料的内在联系和本质意义。

学生的语言感知能力在持续的阅读理解与评判实践中得到逐步提升。需要强调的是，阅读理解不仅建立在知识和经验的基础之上，更依赖于评判性思维与知识迁移能力的协同作用，这些过程均需思维活动的介入。

在阅读训练活动中，除了强化思维能力的培养之外，还需要构建激发学生阅读动机的激励机制，维持学生的注意力聚焦与思维积极的状态，这样审美情感就会自然而然地渗透进来。唯有如此，学生方能在阅读实践中有效运用想象与联想、分析与综合、抽象与概括、归纳与演绎、评判与应用等思维方法。

针对阅读训练的量化与质化标准，应建立多维评估体系，在确保阅读量与认知深度的同时，适度提升文本难度以维持思维能力的稳定发展。如要求学生在 20 分钟内大体上浏览一张报纸，即能向老师与同学清晰地说出报纸的主要内容。通过一定的训练，一般阅读水平的高中生，是可以达到这一量与度的要求的。

二、写作思维训练

写作能够反映出社会生活中复杂多样的思维模式。无论是在收集材料、提炼主题、安排内容，还是在选用语言方面，思维都起着不可或缺的作用。

文章成功与否，通常和其立意的高下紧密相连。文章的立意高下，关键在于看它能否真实呈现事物的本质特征，以及文章所蕴含的思想深度。为了深入探寻事物的本质，我们需要在收集相关材料后，反复思考、仔细剖析。

再者，文章的结构也是评判其优劣的重要因素之一。这里所说的结构，实际就是文章的整体架构与布局安排，它旨在揭示客观事物间的深层关联与发展规律，并通过作者的构思在文中得以展现。这涉及方法和技巧层面的问题，但最核心的仍是思路。

要加强思路训练。针对这一问题，我们可以运用制定大纲、表格阐释等方法，帮助学生精准划分各层次段落；学生也能通过分析、讨论，以及借鉴同一主题但写作风格各异，或采用不同类型、表现手法的多篇文章，来拓宽自身的思维视野。

在高中学生群体中，逻辑思维主要受求同思维影响，他们在思考问题时往往倾向于聚焦某一点，进而容易孤立、静止地看待问题。所以，我们需要重视创新思维的培养，确保作文构思不受消极模式束缚，能够展现新颖的视角与观点，并敢于创新。

再次强调，掌握语言技巧是衡量写作水平的关键标准。文章用词必须精准，而这也有赖于清晰的思维活动。

在推进语文教育改革的过程中，不少教师经过多年实验研究，成功构建了自己的作文思维模式。他们的设想涵盖：明确构建的背景与依据，遵循科学原则，搭建合理的体系模型，并开展科学思维训练。这些设想的共同点在于，它们都强调了思维训练体系的整体性、层次性、开放性与适用性。

三、听话思维训练

依据语文大纲要求，为全面提升学生的听话思维，现提出以下思维训练序列。

（一）培养听话思维习惯

听知活动是听话者借助听觉分析工具，在思考引导下接收、理解并吸纳口头信息，同时将其转化为内心言语的过程。要实现这一过程的有效转化，需确保大脑中枢神经成为“优势兴奋中心”，以此引发对所听内容的关注与兴趣。听话能力不仅要求学生能够听清话语，更关键的是要能够迅速理解对方话语，快速把握话语重点，区分对错，评判好坏，梳理结构，筛选关键信息。因此，培养学生的“听知注意力”成为核心任务，其关键在于激发学生的思考能力，依靠坚定意志力排除外界干扰，使学生能够专注于说话者传达的信息，并养成边听边思考的良好习惯。

（二）评估“听知注意力”

在评估学生的“听知注意力”时，可以从以下四个方面进行考量。

首先，学生需准确感知语音，听清每个音节，分辨音近字和同音字。同时，他们应能依据上下句语意和说话场合，准确判断话语的语调、重音、停顿是否恰当，并深入体会说话者的感情色彩。

其次，学生应能够听清说话内容。对于叙事性叙述，他们需要掌握事件的时间、地点、涉及人物、起因、过程和结果，明确区分叙述中的事实与说话者的观点。对于说明性交谈，学生则应深入理解被描述事物的特性和构造，思考其科学原理与实际应用。

再次，学生在听话过程中应培养敏捷的思维能力。他们需要在感知外部语言信息的基础上，深入思考其蕴含的意义，领会话语核心、对话目的、说话者情感以及深层含义，判断是否存在通过特定修辞技巧和语言艺术传达的言外之意。这一过程不仅依赖于言语的“听知理解力”，还需要思维敏捷力的共同作用。

最后，学生应具备独立思考的能力，训练听话鉴别力。由于客观事物丰富且复杂，人们对同一事物的理解往往存在差异。在学习和生活中，学生需要思考分析所接收的话语，确定说话者的真正意图和动机，判断观点是否准确，其观点有哪些事实和逻辑支撑，建议和事实是否与实际情况相符。特别是在进行议论性发言时，学生必须能准确捕捉话语核心思想、说话者立场，分析支持观点的原因和事实，以准确识别他人观点。

（三）听话能力训练

听话能力的训练方式多样，一般分为随机训练与程序训练两类。

随机听话思维训练首先要求明确听知，它涉及识别声音意义、解读句子意义和结构、总结归纳说话核心思想、解读隐含意思以及比较多人发言时的差异与相似之处等思考过程。具体训练方法可分为听想、听读和听说三种。例如，“听想”活动如故事讲述，能让学生在浓厚兴趣中认真聆听，培养语感和听力，发展联想与想象能力；“听读”则指听录音及聆听教师与学生的朗读，教师需精心设计问题以培养学生的比较、识别、记忆和归纳能力；“听说”可以是一个人发言或多人围绕特定话题讨论，教师应指导听众如何回答关于说话核心、特性、优点和缺点等方面的问题，以培养其倾听意识和快速反应、总结、识别思维能力。此外，听记与听写也是重要的训练方式，听记是在听的同时进行记录，涵盖记纲目、关键点等;听写则是根据所听信息编写出所需文本，如摘要、大纲等。

程序听话思维训练则意味着依据语文大纲规定，有策略地在听知训练中强化思考能力培养。针对学生年龄和教材内容，应有策略地开展训练，并在阅读、口语和写作中融入听话练习。此外，还可进行特定听话训练，包括听话过程中的观察力、注意力、记忆力、联想能力、想象力训练，以及改变听话条件（即适应较差语言环境和声音条件的训练）、抗噪声干扰等训练，以全面提升学生的听话能力。

四、说话思维训练

语文大纲为各年级的口语训练制定了清晰标准。说话能力指的是借助口头表达来传递思维与情感的技能。思考的深度与广度，会直接作用于说话的逻辑性以及口头表达的总结性。

（一）说话能力这一综合能力由三方面组成

一是组织内部言语的能力。人们说话时，通常是先思考后表达，边思考边发言，这种表达方式依靠思维来构建内部语言。深入思考“为何要说”、“要对谁说”以及“该说什么”，这是达成良好沟通效果的基础。

二是快速语言编码的能力。人们进行口头交流时，实际上是对内部话语进行扩展与编码的过程。要实现这一过程，需满足三个条件：首先是积累充足的口语词汇，其次是保证词汇按正确顺序组合，最后是依靠敏捷灵活的思考进行调整。

三是运用语音达意表情的能力。人们开展口头交流时，会将内部语言扩展，编码成特定句子，再通过特定发音器官转化为口头语言，这样才能有效交流。当说话者能巧妙运用语音、语调、语速和语量的变化来传达意图时，会呈现出很好的表达效果。而这一切，都需要借助敏锐灵活的思考来调整。

（二）说话训练可通过以下方式开展

无论是朗读、口头复述、看图说话、讲故事、口头作文、口头播报、口头阐释、会议发言、演讲、讲话、口头问答、对话交流、讨论、电话沟通、口头咨询、口头辩论还是访谈等各类训练项目，都离不开思维的组织与运用；从另一个层面看，口头表达训练也能有效推动思维能力的提升。培养说话技巧，无疑是对思维能力最好的锻炼。首先，通过口头表达训练，学生不仅积累了丰富的语言信息，也就是储备了丰富的思维素材，还锻炼了快速选词和组句的能力，这有助于提高他们思维的敏捷性与准确性。其次，口头表达实际上也是对思考成果的一种反馈，有了这种反馈，我们就能对自己的思维进行修正和完善，使其更符合实际情况。例如，一些语文老师会记录学生的即兴发言，然后播放给学生听，学生自己会发现，要是说话结结巴巴、停顿过长、条理不清，那一定是思维混乱导致的“短路”。最后，通过参与讨论、辩论等口头交流活动，人们有机会学习他人优秀的思考方式和模式，从而培养出优秀的思维品质。所以，口头表达和思维能力培养是相互促进的。

（三）说话与思维训练相结合的方法丰富多样

比如，可采用反面刺激、正反两面阐述、先抑后扬评价、试探性提问、运用比喻、委婉表达、留有余地、巧妙应答、弥补失言、摆脱尴尬、以彼之道还施彼身等方法。采用这些方法，都需要激活思考机制，把握合适的对话时机，努力引导对方开口，紧紧抓住对方的思维和意图进行交流。只有在特定场合进行对话，才能收获最佳的交流效果。

中学阶段对于学生而言，是培养良好听、说、读、写习惯的关键时期。在这个青春年少的时候，学生开始意识到自己的成长，他们的自我认知和思维方式都在教育过程中逐步成熟。为了满足知识掌握和社交的需求，他们需要能够准确、流畅、连贯地表达自己的思想和情感。如果他们的语言和思维能力跟不上时代发展，那么在写作或说话时就可能出现混乱和不真诚的情况。在听、说、读、写活动中，如果他们受到粗鲁、挖苦、侮辱性语言的污染，不仅会养成说脏话的坏习惯，还可能对健康成长造成不良影响。

（四）语文教师要配合学校整体教育工作

在培养学生优秀的听、说、读、写能力过程中，教师也要注重以身作则，系统指导学生使用优雅规范的语言进行交流；用务实真诚的态度表达，避免使用空洞虚伪的话语；说话要条理清晰，避免胡言乱语；讲话不啰唆、不拖沓；表达要有吸引力，让人觉得生动具体又亲切；说话语速适中，能灵活应对，让人感觉聪明机敏；通过富有启发性的对话，打开学生思考的大门。这体现了我们追求的说话思维训练的理想状态。

以上主要从听、说、读、写四个方面谈了思维训练的途径，它们之间既有独特的任务，又存在相辅相成的关系。

第四章　高中语文教学中的创新思维培养

第一节　培养创新思维的必要性与可行性

一、培养创新思维的必要性

（一）教育发展的需要

创新教育既彰显当代精神特质，又代表先进教育理念。传统教育模式过度聚焦知识传承，不利于学生创新思维能力的培养，其创新精神与意识难以获得充分发展。在当今社会高速发展的背景下，创新型人才需求与日俱增，培养学生的创新思维能力显得尤为关键，这已成为教育创新发展的必然趋势。

依据《普通高中语文课程标准（2017 年版 2020 年修订）》，高中语文课程实施旨在通过必修课程与选择性必修、选修课程的学习，全面提升学生的语文核心素养，重点培养学生在语言建构与运用、思维发展与提升、审美鉴赏与创造、文化传承与理解等方面的能力。其中，“审美鉴赏与创造”以及在思维层面的“批判性思维”“创造性思维”等要求，体现了对创新相关能力的重视，将创新元素深度融入课程标准之中。

在当今时代，创新已成为社会发展的核心驱动力，是全社会广泛关注的焦点议题。同时，创新也是教育体制、机制以及课程创新过程中亟待攻克的重大难题。鉴于此，《普通高中语文课程标准（2017 年版 2020 年修订）》明确要求语文学科不仅要肩负起培养学生创新思维能力的责任，还要发挥其辐射带动作用，推动其他学科领域创新思维能力的发展。这意味着，语文学科不仅要探索自身创新能力培养的新路径，还要积极与其他基础学科协同合作，致力于共同培养学生在各学科领域的创新思维技能，为学生的全面发展奠定坚实基础。

随着现代社会迅猛发展，人类已步入知识经济时代，在此背景下，创新潜能已成为驱动经济增长的核心力量，对国家实力的提升具有关键作用。面对新时代的挑战，传统教育体系已难以适应快速变化的时代需求，因此，培养学生的创新思维能力已成为教育创新的紧迫使命。

（二）认知水平提高的需要

培根说过："知识就是力量。"可见，知识是多么重要。所以多少年来，人们一直对知识进行不知疲倦的探索。知识并非永恒不变，就个人职业生涯而言，知识如同食物一样存在保质期，产品超出保质期会变质，知识若不更新便难以有效指导实践。知识更新周期是衡量全球发展速度的关键指标，伴随社会演进，该周期正日益缩短。联合国教科文组织曾开展研究并得出结论：信息通信技术加速了人类知识更新进程。因此，对待知识我们既要注重积累，更要保持持续更新，方能使知识成为驱动个人命运变革的核心力量。

随着人类文明不断向前推进，那些基于客观事实所形成的知识，其内涵早已超越了知识原本的完整界定。那些常被人们忽略、隐匿于深处的知识，比如思维方法，也渐渐成为知识体系中不可或缺的关键部分。伴随科技的迅猛发展，思维科学的重要性越发突出，这推动我们不得不对当下的教育模式展开深度反思：我们往往过于忽视对学生创新思维以及知识深入理解能力的培养。现代社会已然发生了翻天覆地的变革，这种变革不再仅仅停留在认知层面，而是拓展到了应用领域。以往，人们并不把知识看作技术、能力或技巧，然而现在，它们已然构建起全新的知识体系。过去，人们普遍觉得文化的传承与传播只是知识的一部分，但如今，知识已然成为珍贵的资源和资本，人们对知识重要性的关注度大幅提升；过去，人们主要依靠大脑来存储知识，秉持着古今融合的理念，但如今，我们已经从单纯依赖大脑存储知识，转变为大脑与电脑协同使用的双向存储模式，这让信息内容变得更加多元丰富；过去，信息的传递主要依靠口耳相传的方式，但如今，高科技卫星与多媒体技术早已走进千家万户，并在众多行业里得到广泛应用。显然，现代知识已经深入思维层面，不再局限于那些肉眼可见的客观知识。这种状况要求我们的教学方法必须做出改变，培养学生的创新思维能力已然刻不容缓。

二、创新思维培养的可行性

（一）语文教学中创新思维培养的理论依据

《普通高中语文课程标准（2017 年版 2020 年修订）》明确提出要求：“发展思辨能力，提升思维品质，培育社会主义核心价值观，培养高尚的审美情趣，积累丰厚的文化底蕴，理解文化多样性。”教育所面向的对象是一群充满生机与鲜明个性的个体，故而在开展语文教育时，我们应依据每位学生的独特特质实施教学，旨在培育其专属的个性品质，深度挖掘个体的内在潜能，以推动学生个性的完善与全面发展。唯有尊重学生的个性化发展需求，并赋予其充分的自由发展空间，学生的创新能力方能得以充分培育，进而达成学校培育富有创造力人才的目标。21 世纪被视为全球知识经济时代，人才竞争越发白热化。高等教育不仅是国家科技与教育振兴的关键支撑，更是推动社会经济增长的核心引擎，其核心使命在于培育能够推动社会进步、满足多元社会需求的创新型人才。缺乏个性，便无从谈及个人在社会中的价值。若社会中缺乏这些具有独特个性的群体，社会的活力将逐渐消退，发展步伐也将受到阻滞。在此国际竞争日益激烈的时代，残酷的竞争不仅要求我们在多元环境中实现全面发展，更关键的是要具备创新能力，涵盖人才培养、科技创新、效率提升等多个层面。发达国家的课堂教学为我们提供了诸多宝贵经验与深刻启示，他们秉持“不善于提问的学生未必是优秀学生”的理念，这也意味着我们亟须大力培养学生的创新思维能力，此乃课堂教学的核心要义。

（二）语文教学中创新思维培养的现实基础

在培养学生创新思维领域，语文学科承担着较其他学科更为突出的使命，这也正是语文教学过程中创新思维培养备受重视的根源所在。在推动语文学科创新教学的过程中，为持续优化语文教学质量，语文教育领域的专家学者在理论与实践层面均倾注了大量心血。由此，语文创新思维研究取得了一系列显著成果，为语文教学中创新思维培育提供了坚实的实践支撑。

伴随学生年龄的逐步增长，他们在面对各类事物时会运用自身独特的思维模式展开分析，至中学阶段，已形成独立且辩证的思维方式。高中生的思维逻辑性与批判性特征显著，独立思考能力大幅增强，能够依据特定标准对事物进行价值判断，并积极分享个人见解与应对方案。鉴于此，应充分把握高中生在此阶段的思维特征，以此为基础，在语文教育实践中着力培育其创新思维。语文教育的创新性特质，要求教育者在教学活动中全面革新传统教学模式，创新教学内容体系，在语文教学内容与既有知识框架的基础上，构建有利于激发学生创新思维的学习情境，激发其创造性思维火花，引导其运用所学知识探索未知领域、解决实际问题，并在此过程中让学生领略语文学习的乐趣与成就感。将创新思维融入语文教学全过程，不仅能够强化学生的创新意识，更能助力其成长为具备创新思维与创造能力的时代新人。

（三）语文教学中培养学生创新思维的优势

对学生而言，语文课程是素质教育的根基所在。需明确的是，语文并非局限于语言学范畴，其本质上亦是一门思维学科。斯滕伯格等人提出，创造力并非单一或孤立的能力，而是多种能力要素相互交织的产物。莱斯利·怀特则认为，个体的创造过程本质上是其内在多元文化要素的有机整合。相较于其他学科，语文学科呈现出更为全面且综合的特质，因而具备其他学科难以替代的独特价值。因此，在语文教学中，培养学生的思维能力，尤其是创新思维，与提升其语言技能具有同等重要的教育意义与目标指向。

朱绍禹先生作为中国语文教育的奠基者，在探讨语文学科与思维的关联时强调，语文学科是语言学科也是思维学科。此观点构成了对语文学科本质的基本认知。卫灿金在《语文思维培育学》一书中，核心观点之一便是强调语文学科是语言与思维的辩证融合。语文教学的独特性对学生多元能力的培养具有显著促进作用。教材中汇聚了古今中外的经典文学作品，其写作技法与风格各具特色。这些独特的思维表达方式与时代发展同频共振，为学生的创新能力培养提供了重要参考，同时也充分彰显了语文教学的独特价值。这一过程具有持续性，亦是每位语文教师应承担的责任与使命。

第二节　语文思维能力的培养与实践

一、语文思维的方法与品质

（一）语文思维方法

在漫长的历史过程中，语文学科发展出了一套完整的思维方法，掌握这些方法是培养语文思维技巧的关键。在语文思维中，常见的方法包括分析与综合、比较与分类、抽象与概括以及联想与想象等。

1. 分析与综合

分析是指将整体在思维里拆解成各个不同的组成部分，然后分别探究不同部分之间的关联，研究它们在整体里所处的地位以及发展变化情况，进而揭示事物本质属性的方法。对事物进行分析可以从多个方面入手，既能从其结构、种类和特性展开探讨，也能从其性质和功能的角度进行分析。在特定情境下，我们应当依据事物的实际状况与需求，挑选合适的分析角度。从思维的角度来看，我们可以从宏观层面逐步深入微观层面来进行探讨。

在分析的基础上，综合是把研究对象的不同部分重新整合成一个整体，以此把握事物本质和规律的方法。从思维的角度来讲，综合的主要特点包括：其一，建立在科学分析之上。只有当我们对事物的各个部分、部分之间的联系、主要矛盾和次要矛盾，以及矛盾的主要方面和次要方面都有深入了解时，才能全面掌握研究对象的核心规律。其二，从部分到总体。此时的总体已经不再是最初那种对事物的模糊认知，而是对事物内部成分、成分之间的联系以及其核心特征的一个完整认识。

分析与综合是语文学习中常见的一种思维方法，二者具有辩证统一的关系，既相互区别又相互联系，不可分割。首先需要明确的是，分析是一种从宏观到微观、从整体一致性到部分独立性的思考方式，与之相对的是综合思维；其次，分析是综合的基础，综合的开展必须以分析为依据；最后，综合与分析缺一不可。在认知的过程中，我们总是沿着“分析—综合—分析”的路径不断推进和深化。例如，在进行语文阅读和写作时，我们应当运用分析和综合的方法来明确文章的结构，并把握文章的核心思想。文章的结构涉及文章段落之间以及段落内部的相互关系。对文章结构进行分析，实际上就是对文章中各个部分的相互关系进行深入探究，并据此做出合理的归纳和整理。在对文章结构进行分析时，我们需要依据文章的主要线索和材料安排，明确文章的开头和结尾部分，划分各个段落的层次，并对过渡和照应等内容进行清晰的梳理。文章的结构与作者的创作思路紧密相关，所以，人们常常运用分析和综合的思维方式来理解文章的核心思想。

2. 比较与分类

借助比较这一方法，我们能够明确分辨出事物之间的相似之处与不同之处。这一过程先是针对被观察对象展开全面分析，探究其各个方面的特征，接着依据这些特征对观察对象加以比较，从而识别出哪些方面存在相似性，哪些方面存在差异性，最终区分出观察对象之间的差异与相似性。在开展语文教学时，我们可以运用对比手段，找出那些表面上差异明显的事物之间的共性，或者那些表面上极为相似的事物之间的区别。在语文学习阶段，高中生的比较行为可归为三种类型：其一为相似性比较，即比较两个或多个对象之间的共同特征；其二为差异性比较，也就是对比两个或多个对象之间的不同之处；其三为系统性比较，即对两个或多个对象的共性与差异性进行全面综合的分析。

在语文教学活动中，教师一般会通过诗歌文本的异质对比深化学生对诗歌意蕴的理解。王维《送元二使安西》中“劝君更尽一杯酒，西出阳关无故人”的意象，通过离别场景的具象化表达，构建了深厚的情感张力。而王勃《送杜少府之任蜀州》中“海内存知己，天涯若比邻”的诗句，则通过空间意象的虚实转化，展现了豁达的胸襟境界。这种情感表达维度的差异，构成了两位诗人离别主题创作中的本质性区别。

分类是一种思维方式，它依托比较分析，根据研究目标所涉及的相似性和差异性，把不同事物加以归类。在语文教学中，很多事物都具备自身独特的共性与差异。所以，基于研究目标和学习需求，我们通常会依照统一标准，将研究对象划分到相应类别中。在语文学习的分类操作中，需遵循两个基本原则：其一，要确立统一的评价标准；其二，要能够呈现事物的不同维度。

3. 抽象与概括

抽象是一种思维活动，它借助思维把某事物的关键特性或属性从众多特性或属性里抽取出来。运用抽象这种方法，我们能把人们的认知从感性层面推进到理性层面。抽象思维有一个明显特点：依据研究对象和问题的特殊性，在分析比较事物的过程中，忽略研究对象和问题中的某些特定的、非核心的因素，进而找出主要和核心的因素。

概括是一种思维过程，它以抽象概念为基础，把事物的普遍或共有属性或特征整合在一起，或者把某一事物的核心属性或特征推广到与之相似事物的基本属性或特征上。这两点构成了人们建立或理解概念的基础。概括不仅是其他思维特性的根基，还会在思维活动的深度、广度以及灵活性等多个方面发挥作用。通过概括，学生能更顺利地进行逻辑推理，提升思考的深度与批判能力。概括能帮助学生灵活迁移知识，同时培养他们思维的灵活性与创造力。采用“提炼简化”式的思维总结方式，同样有助于增强学生思维的敏锐度。在语文学习过程中，概括能力是必不可少的。当学生的概括能力更强时，他们的知识体系将会更完善，知识迁移能力也会随之增强。

在高中语文教学中，抽象与概括是培养学生迁移能力的重要方法。中学语文教材里，有不少可用于培养学生抽象和概括能力的材料。比如，学习小说时，我们可以通过详细剖析小说中人物的肖像、心理、语言、行为以及所处环境等方面，归纳出人物的性格特点、思想变化和人物形象，以此提升学生的抽象与概括能力；学习杂文时，学生能通过分析文章的表面语言，更透彻地理解其深层含义。此外，将抽象与概括相结合，也是学习文言文时一种高效的思考途径。高中是学生掌握文言文基础知识的关键阶段，教师能够通过帮助学生概括和总结常见文言实词、虚词及其用法和规律，有效提高学生在文言文阅读方面的能力。

4. 联想与想象

联想可理解为因某人或某物触发，进而产生与之相关联的相似事物的思维活动，它是在与某事物或现象存在相似性的其他事物或现象中，催生出新设想的思维活动；接近联想是一种思维活动，它由事物间的相互临近性引发，进而激发出新的设想；对比联想也是一种思维活动，它涉及对那些性质或特征相反的事物展开新设想；因果联想指的是针对存在因果关系的事物，开展新设想的思维活动。

想象力是人类大脑对已存在的图像开展加工与重构，进而创造出全新形象的活动。依据想象的目标导向，可将其分为无意识想象和有意识想象。无意识想象是一种不受目标约束，也不依靠任何意志力作用的幻想；有意识想象则是一种目标明确、具有自我意识且结构有序的思维活动。

从创造程度划分，想象可分为再造想象和创造想象。

在语文的想象活动里，认知处理的方式涵盖：模仿（把两个或更多互不关联的客观事物的属性或特征加以整合，形成全新形象）、夸张（对客观事物的正常属性或特征进行放大或缩小处理，并促使其产生变化）、拟人化（将客观事物赋予人的形象或特征，进而产生新形象的思维过程）。例如，在《天上的街市》这一部分内容中，作者将街灯与明星做类比，接着又把明星与街灯做类比。最终，作者以流畅且轻松的笔触描绘出天上街市的日常生活场景，表达出对理想的憧憬与美好情感。

（二）语文思维品质

思维能力是智力和能力的核心要素。一个人的思维品质是评判其思维能力高低的关键指标，借助它能够判断一个人的智力水平属于正常、超常还是较低的范畴。语文思维品质指的是在语文学习和实践过程中，人们逐渐形成、发展并展现出来的，能直接对工作效率产生影响的个体智力特性，涵盖思维的深刻性、灵活性、批判性、敏捷性以及独创性这五个维度。

1. 深刻性

语文思维的深刻性体现为思维的抽象逻辑特质，它不仅反映出语文思维在抽象程度和逻辑层次上的高低，还体现出思维活动所具备的广泛覆盖、深入探究以及应对复杂问题的特性。这种能力表现为学生能对问题进行深入剖析，逻辑脉络清晰，精准把握问题的关键要点和内在规律；善于开展系统、全面的语文思维活动；能够从整体角度出发，运用关联的思维方式去理解各类事物，并掌握相应的语文知识。

在阅读环节，教师需要着力培养学生全面且精准理解阅读内容、概括文章主旨、领会作者意图的能力；要引导学生养成深度思考的习惯，使其能在思考过程中洞察事物的内在规律与本质；语文教学的培养目标还包括让学生掌握在不同时代背景、文体特征和作者风格下，对作品阅读习惯进行比较分析的技能。在写作实践中，学习者应具备透过事物表象洞察其本质的能力；在撰写文章时，要使文章主旨深刻，能精准提炼出自己想要表达的核心观点，并运用简洁、准确且生动的语言进行表述。

2. 灵活性

语文思维的灵活性指的是在语文思维活动中展现出的灵活特质，即思维能够依据客观状况的改变而做出相应调整。语文思维活动中所呈现出的丰富多变性是建立在深刻性的基础之上的。其灵活性具备四个显著特点：其一，思维方向具有极高的灵活性。身为语文教师，有义务培养学生从不同角度和层面去思考问题，并运用各类知识与方法精准解决问题的能力。其二，思维过程具有高度的灵活性。作为语文教师，有职责培养学生分析、综合以及灵活转换的能力。其三，迁移能力出色。学习者要能够针对语文知识和方法展开有效的正向迁移运用。其四，思维结果具有高度的灵活性。在学生的阅读过程中，教师应着力培养他们运用各类阅读技巧，从不同角度和方向深入思考阅读内容，进而得出多个既合理又富有弹性的结论；要培养学生将不同阅读材料有效整合的技能；要培养学生把先前所学知识和技巧灵活运用到其他情境中的能力。在进行写作时，教育者需培养学生从多维角度观察事物的技能；培养学生从不同角度和层面挑选合适材料的技能；培养学生运用灵活的表达技巧和修辞手法的能力；培养学生针对同一主题提出多种观点，以及围绕相同观点运用不同主题进行表达的技能。

3. 批判性

批判性的语文思维指的是学生在语文思维过程中，具备对自身思维活动进行自我反思、自我调整与自我修正的智力特质。批判性思维呈现五大关键特点：其一为分析性，即持续深入探究解决问题所需的各类条件，并多次检验预先设定的假设与策略是否合理；其二为策略性，意味着在思维活动中构建与问题解决相关的策略、方法、流程等，并在实践过程中加以验证；其三为全面性，即能够客观地从正反两方面展开分析，坚守正确的策略方向，及时纠正错误之处；其四为独立性，也就是善于独立地思考各类问题，形成自己独特的见解，而非盲目追随或附和他人的观点；其五为正确性，即通过深入细致的思考，真实地对问题展开剖析，进而确保所得结论准确无误。

在语文阅读教学环节，教师要求学生能够对所读内容展开深入、辩证的解读；在评价文章时，应充分考虑作者的个人背景及其所处的时代环境，做到“知人论世”，从而对文章进行全面评估；还应善于通过对比与分析来识别文章的独特风格。在写作活动中，教师有责任指导学生掌握基本的写作技巧与常用的修辞方法；培养学生养成修改作文的良好习惯；帮助学生掌握自我评价作文的技能，并对写作过程进行总结；学生需要及时回顾和总结自己的写作经验，针对其中的不足开展专项训练。

4. 敏捷性

语文思维的敏捷性体现为思维过程快速反应的特性，而思维运转的速度以及结果的准确性，是评判思维敏捷性的两个关键标准。对于中学生而言，在语文学习过程中展现出的思维敏捷性，意味着他们能够在吸收语文知识时，迅速且精准地领会所学内容，并将其在思维层面加以内化。当学生运用语文知识去解决问题时，他们能够快速且精准地调用已有的认知体系，精准识别问题的关键所在，并运用恰当的知识与策略，进而养成正确解决问题的思维模式。

在中学语文教师的教学目标中，培养学生的思维敏捷性是极为重要的一项。例如，在开展阅读教学时，教师需要帮助学生熟练运用速读、跳读、泛读等多种阅读技巧；目标在于帮助学生快速把握文章的主旨要义，并从中提取所需的关键信息。在进行写作教学时，需要培养学生的观察能力，引导他们将观察所得转化为写作素材；目标是在相对有限的时间内，帮助学生依照要求完成各类文体文章的写作。

5. 独创性

语文思维的独创性也就是思维的创造性，它表现为善于独立开展思考，善于以创新性的方式发现并解决问题。独创性品质具有三大突出特征：其一为独特性，学生要拥有属于自己的独特思维模式；其二为新颖性，学生应乐于接纳新的思维方式，这是独创性最为关键的标志；其三为发散性，学生要善于在广阔的领域中展开独立思考。例如，在阅读过程中，学生要依据自身的实际需求与能力，挑选适宜的阅读材料和方法；在阅读时，要善于展开联想，进行对比与辨别，持有自己独到的见解，并从中获得审美层面的愉悦感受；要有创意地运用各类不同的阅读技巧，进而形成独特的观点。在写作环节，教师要培养学生从崭新的视角去观察和理解事物；要挑选具有创新性的写作主题；目标是让学生能够精准地表达自身观点，并逐步形成他们独特的写作风格。

需要着重指出的是，高中生在语文思维品质方面所体现出的深刻性、灵活性、批判性、敏捷性和独创性，共同构成了完整思维品质的重要组成部分，这些特质之间联系紧密、不可分割。其中，思维的深刻性是所有品质的根基所在。思维的灵活性与独创性之间存在着相互交织的关系：灵活性具有广泛性与适应性，而独创性则展现出深度与新颖性，这两方面相互影响。批判性思维是基于深入理解而形成的，唯有通过深入的洞察与细致的思考，我们才能对事物做出精准的评估与调整；唯有持续地进行自我批评与反思，我们才能更深入地了解事物的内在本质与固有规律。思维的敏捷性是其他思维特质的具体体现。

二、语文思维能力培养的策略

语文思维能力作为由思维内容、思维方法及思维品质构成的复合系统，其培养需贯穿于语文知识教学的全过程。通过系统化训练使学生掌握科学思维方法、提升思维品质，构成语文思维能力培养的核心路径。在日常教学实践中，为有效促进学生思维能力发展，需遵循以下基本策略。

（一）引起认知冲突，激发积极思维

认知失衡指个体在认知发展过程中，原有认知框架与现实情境发生错位时产生的心理张力状态，这种张力状态构成思维激活的内在驱动力，而思维激活则是认知结构优化与知识深度建构的必要条件。在语文课堂教学过程中，教师要依据既定的教学目标，充分运用各种方法，明确教学的核心要点，同时结合学生的实际生活经验，创设一些可能会让学生产生认知冲突的“两难情境”，以此激发他们思维的活跃程度。

教学活动是教师与学生共同参与的过程，课堂提问是其中最为常见的双边互动形式之一。它既能诊断学生的学习状况，促进师生间的情感交流，调动学生的兴趣，又能引发认知冲突，激发学生进行积极思考。依据问题所涉及的认知层次，教师在课堂上提出的问题可分为无认知问题、低认知问题以及高认知问题。无认知问题是指那些不需要学生进行深入思考，答案显而易见，甚至无须调动已有知识储备就能回答的问题。这类问题往往只涉及对事实的简单回忆或识别，例如“这篇课文的作者是谁”“这个词语在字典里的第一个释义是什么”等。低认知问题要求学生运用已有的知识和经验，对信息进行简单的分析、比较和归纳。这类问题通常有一个相对明确的答案，但需要学生经过一定的思考过程才能得出。比如“请比较这两首诗在情感表达上的异同”“根据这段文

字，概括其主要内容”等。高认知问题要求学生运用批判性思维、创造性思维等高级思维技能，对问题进行深入的分析、评价和创造。这类问题往往没有固定的答案，需要学生从多个角度思考问题，提出自己的观点和解决方案。例如“对于这个历史事件，你有哪些不同的看法”“如果你是作者，你会如何改写这个结局”等。在语文课堂教学过程中，教师应着力提升学生的认知能力，尽量减少对低认知问题的提出，避免出现无认知问题的情况。在当下的教学模式里，教师频繁提出低认知和无认知问题，极大地阻碍了学生思维能力的发展。

（二）加强课堂互动，促进社会建构

建构主义认为，学习是一个主动且积极的建构过程，知识是个体经验的合理呈现，并非用于解释世界真理的工具。在教学过程中，教师应以学生已有的知识和经验为出发点，而非单纯由教师向学生灌输知识。教师负责创设教学情境，担当学生学习过程中的引导者与协助者，学生则是学习活动的核心主体。学生实现高效学习，需在特定环境里，借助他人的帮助，通过人与人之间的合作与交流来完成。维果茨基的“社会建构主义”观点指出，社会和文化背景会对学生的思考过程产生影响，这在语文课堂教学中有所体现，所以教师需要格外重视课堂中的互动环节。课堂互动指的是在特定课堂环境下，教师与学生、学生与环境之间相互产生的作用与影响。在教学过程中，学生处于中心地位，教师需要依据学生的实际情况来组织教学活动。从互动主体方面讲，课堂互动涵盖教师与学生之间的互动以及学生与学生之间的互动；从互动内容层面来看，课堂互动包含思维互动、情感互动和行为互动，其中情感互动是基础，行为互动是外在体现，思维互动则是核心所在。在高中语文课堂教学中，教师要着重关注与学生的互动，特别是要促进师生之间、生生之间更深层次的思维交流，这样更有利于推动学生思维结构的良性发展。

（三）重视总结反思，强调应用迁移

弗拉维尔作为儿童心理学家，在著作《认知发展》里首次提出了元认知这一概念。元认知关乎对认知过程的理解，它包含元认知知识、元认知体验以及元认知监控这三个部分，元认知监控是其中最为核心的部分。元认知监控本质上是一种自我监控能力，它要求人们把自己的活动当作有意识的目标，并不断对其进行积极规划、检查、评估、反馈、控制和调整。这种能力与批判性思维紧密相关，是教师教学能力和学生学习能力的核心要素。所以，在教学过程中，培养学生的自我监控能力极为关键。在语文课堂教学中，为了更有效地培养学生的自我监控、多元认知和批判性思维能力，务必要充分重视

总结与反思。在每次课堂活动开启和结束之际，教师都应引导学生针对学习对象、学习内容、思维方式和方法等方面及时开展总结与反思。通过深入地总结和反思，学生能够更透彻地理解知识和方法，还能凭借对过往经验的归纳，进一步拓展自身的认知框架，进而提升自我管理和监控能力。

实际应用是检验学习成效、巩固所学知识的重要方式。学习中的迁移，指的是一种学习方式对另一种学习方式产生的作用，这种作用在知识、技能、态度和行为规范的学习过程中是普遍存在的。重视知识与方法的实际应用和迁移，能帮助学生更透彻地理解知识，提升他们的思维能力。因此，在语文教学中，应将应用迁移当作培养学生思维能力的核心理念。开展语文课堂教学时，教师要鼓励学生运用所掌握的知识和技能解决实际问题；要鼓励学生将所学知识和技能与之前学过的知识和方法相融合，进而构建知识体系；要鼓励学生把所学知识和技能运用到不同情境、课文或日常生活中，以此培养他们的思维灵活性。

三、语文思维能力的实践探索

语文是一门将思维和语言紧密结合的学科，高中阶段是学生思维能力发展的关键时期。研究高中生思维能力的培养，不仅对提高学生的思维能力具有重大意义，而且对提高学生的语文能力，加深对语文知识的理解，具有重大的影响。

（一）明确课堂教学的目标，制订思维培养计划

语文教育是一种目标清晰、规划有序的活动过程，培养学生思维能力是语文教育的核心目标之一。所以，在制定思维能力培养的目标与规划时，要将知识教学目标和规划相融合。首先，需要依据高中语文教学目标，明确高中阶段应培养的思维能力目标。随后，结合各部分知识需求、思维能力培养任务，以及学生、教师和教学内容的特点，制定更为具体的课堂教学目标与教学计划，并挑选恰当的教学手段与时间安排。再次强调，在教学活动中，为培养学生的迁移能力，可在多种情境下对同一种思维能力展开训练。一系列训练活动既能激发学生的想象力，又能培养其知识迁移能力，进而提升学生思维能力。最终，在教学活动过程中，教师要对整体教学与学习情况持续跟进监控，并深入反思，以此调整教学目标与教学策略。

（二）营造优质教学环境，引发学生认知冲突

学生主动、积极的思维活动是培养其思维能力的关键，而营造良好思维氛围是激

发这种积极思维活动的前提。知名语文教育家李吉林提出情境教学理念，从其核心要素来看，创设情境是激发学生主动思考的有效方法。教师若能把握这一核心，就能为高效课堂教学筑牢根基。良好的思考环境应能激发学生间的认知矛盾。认知冲突指在认知发展进程中，原有概念或结构与实际情境不符时，心理层面产生的冲突或矛盾。在高中语文教学中，为营造有利于学生认知冲突的优质教学环境，教师首先要确保教学环境民主平等。在教学过程中，教师应采用民主方式，公平对待每一位学生，充分激发学生的主观能动性，鼓励其独立思考、勇于创新、挑战权威，营造鼓励学生积极参与、主动学习的课堂氛围。其次，教师要对学生提出的问题持积极态度。教师面对学生提问时展现的态度是普遍且稳定的，有积极的也有消极的。积极态度表现为教师喜欢、支持、激励并指导学生提问，消极态度则是回避、反感、憎恶学生提问。最后，需构建有益的问题情境，尽量提高认知问题。所谓高认知问题，实则是能引发学生间认知矛盾，促使其主动思考的难题。

（三）结合语文知识教学，传授学生思维方法

学生的思维能力是在知识学习与实践活动中逐步形成与发展的，在此培养过程中同时也要帮助学生掌握语文思维方法。语文思维方法有观察、联想与想象、比较与分类以及发散思维等。下面通过实例介绍观察、联想和想象这三种方法的运用。

其一，细致观察，融入生活。观察是有明确目标、周密计划且持续时间较长的知觉过程，虽非语文思维本身，却是语文思维的核心基础。在语文教学中，观察的主要方法有顺序观察和对比分析。顺序观察是基于客观事物的系统性和与周边事物的联系，有序开展的观察活动；对比观察则是通过比较不同事物或同一事物的不同方面进行分析。苏霍姆林斯基推崇“思维课”教学法，主张“在观察中思考，在思考中观察”，实现观察与思考的有效融合。在高中语文课本中，许多文学作品基于作者深入细致的观察创作而成，为我们提供了宝贵观察经验与方法。教师应在教学中重视这些文章，帮助学生理解作者观察的技巧，以便更好地培养学生的观察能力。

其二，放飞联想与想象的翅膀。联想是从一个人、一件事物联想到另一个人、另一件事物的思维方法。想象是人类大脑对已有图像进行处理和改造，进而创造新形象的活动。借助联想和想象，可以有效培养学生的思维技巧。为培养学生的联想与想象能力，可以从两方面着手：一是指导学生准确观察；二是鼓励学生大胆质疑。

第三节　语文教学中培养学生创造性思维

一、创造性思维能力培养的实施

（一）语文教学与创造性思维

1. 语文学科的性质，语言与思维的关系

语文学科兼具基础工具性学科与思维学科的双重属性。语言作为交流工具，能让人们借助它交流思想、传递信息。在信息化时代，信息交流更加频繁，作为交流工具的语言也更加丰富多元。语文学科的一项核心任务就是保证学生能准确理解和运用祖国的语言文字，为他们今后的学习与生活筑牢根基。语文作为基础工具性学科，已获得社会广泛认可。而语文作为思维学科，正逐渐受到语文教育工作者的关注与重视。

为何常说语文学科也属于思维领域呢？这主要探讨的是语言和思维之间的关联。语言不仅是人类最主要的交流方式，还和思维紧密相连。它是思维的工具，是思维的直观呈现，也是思维的“物质载体”，所以语言与思维密不可分。更准确地说，内在语言其实是思维过程的“物质载体”。内部语言指的是什么呢？所谓内部语言，其实是一种和逻辑思维、独立思维以及自觉行为联系更为紧密的高级语言表达形式。它的显著特征包括：第一点，它是无声的，或者其语音发音难以察觉。第二点，它以自身的思维活动为思考核心，可以是先思考后表达，也可以是先思考后行动。第三点它涉及“简化”这一概念。内部语言实际上是外部语言中的部分内容。相较于外部语言，内部语言在同时进行问题思考和表达时，处理速度明显更快。内部语言不仅是逻辑思维和独立思考的基本特征，也是衡量思维发展水平的重要标志。内部语言的发展与口头语言、书面语言的发展相互补充。思维活动既依赖内部语言，又需要借助外部语言来实现，这充分体现了思维和语言之间的紧密联系。尽管思维和语言是紧密相连的整体，但二者也存在明显差异。观察语言和思维的紧密联系，就能发现语文学科也属于思维学科的范畴。

2. 思维与创造性思维

思维其实是人类大脑针对客观事实展开的一种概括性与间接性的反映。所谓概括性反映，指的是能够揭示事物的本质属性，以及事物之间根本的联系和内在规律的反映。所谓间接性反映，是指人们的思维活动总要借助特定媒介来呈现客观事物的反映。由于思维具备概括性和间接性，人们能通过思维去认识那些不直接作用于人脑的事物，还能预测事物的发展与变化。借助思维，人们能从个别现象中洞察普遍规律，从表面现象中把握内在本质，从实际情况中推断历史进程，并对未来做出预测。

创造性思维是建立在解决科学或艺术研究中遇到的复杂问题之上，运用独特新颖的思维方式，塑造出具有社会价值的新观念、新理论、新知识和新方法的思维过程。创造性思维往往和创意活动紧密相关。创造性思维的突出特点是其创新性与独特性，其中，发散性思维在各类创造性思维中发挥着主导作用。学生在学习过程中的“探索”，或是创新性地解决学习中遇到的难题，都可看作创造性的思维方式。

依据思维方式在问题解决中的不同指向，可将其分为集中思维和发散思维两大类。集中思维，也叫聚合思维或求同思维，是基于现有信息，朝着特定方向思考，目标是找到逻辑上正确的答案，这种思维方式方向明确、范围清晰、结构有序。发散思维，又称辐射思维或求异思维，是基于现有信息，从多个不同视角和方向思考，从多个角度寻求多样化解决方案的开放性思维模式。例如根据问题所给资料，可探讨几个可能的解答。

集中思维方式注重个体探寻问题的“正确答案”，且强调思维过程中记忆的重要性；发散思维鼓励个体主动探寻问题“单一答案”之外的解答，同时强调思维的灵活性和知识的融会贯通。集中思维和发散思维是思维过程中相互促进、相互交流、互为基础且相互转化的两个辩证统一方面。集中思维构成了发散思维的基础，而发散思维则代表着集中思维的进一步拓展。无论是集中思维还是发散思维，它们都是人类思维方式的核心组成部分，为创新思维提供了必要基础，这两种思维方式都具有独特的创新性。

创造性思维活动一般遵循集中－发散－集中的顺序开展。集中为发散提供了起始点和落脚点，而发散又为创造（集中）的实现筑牢了基础。虽然发散思维是创造性思维的核心构成部分，但若要实现高水平的创造性思维，必须将其与集中思维有机融合。

创造性思维可分为两大类：一类是对现有知识进行重新整合，构建新的经验模型。从全新视角审视和分析现有知识，也属于对已有知识重新组织的创新性思维过程。无论是重新整合现有知识，还是从新视角重新审视和分析已有知识，都可能引发新的“发现”，提出具有创新性和独特性的问题见解。这是一种较低级的创造性思维活动，是每个普通人都具备的创造性潜力。另一类创造性思维活动是科学家和发明家在科学和技术领域取得的重大突破与创新，他们提出了前所未见的新观点和新理论。对青少年创造性思维能力的培养和训练属于较低级的创造性思维活动。

发散思维是创造性思维的重要主导成分，是衡量创造力的重要指标之一。从心理学家吉尔福特的观点来看，发散思维体现出流畅性、变通性和独特性这三个显著特点。

思维的流畅性指的是能够产生大量想法的能力，即反应迅速且数量多，思维顺畅、阻碍小、反应敏捷，能在短时间内表达更多概念。只要问题持续存在，发散量越大越有利，这被看作发散思维的一个标准。流畅性可分为四个类别：①词语流畅性，指生成词汇并满足特定语言结构要求的能力。②观念流畅性，指在自由环境下能产生所需观念的能力。③联想流畅性，指能列出事物的各种属性，以便更好适应特定情境的能力。④表述流畅性，指能产生连贯论述的能力。思维的变通性意味着能灵活应对各种情况，变化多样，能举一反三，不受某一方面限制，不受消极思维束缚，能提出与众不同的新观点。思维的独特性在于，它采用前所未有的新视角和新观点看待事物，并对其展现出与众不同的独到见解，这种独特的思维方式体现了发散思维的核心特质。

3. 创造性思维与语文教学

在高中教育阶段，语文课程占据着至关重要的地位，其课时安排最多，这无疑对学生的个人发展有着明显的影响。而且，高中语文教材内容都具备高质量与审美价值，十分适合作为教学示范文章。在培养学生的创造性思维方面，语文教育具备极为有利的条件与环境。语文知识不仅是创造性思维的成果，也是智慧的直观呈现，它本身就包含着智慧与创造性的价值，更是培养学生创造性思维与智慧的基础。学生只有掌握了语文这一基础工具，在学习过程中才能充分展现创造性思维。语言不仅是社会的一种外在表现形式，也是一种复杂的心理活动过程。以听、说、读、写的教学方法为例，学生在听、说、读、写的过程中需要进行独立思考与心理交流，如此才能真正领会说话者的意图，进而激发他们的创造性思维。在阅读和写作过程中，学生需要借助联想与想象，与作者和写作对象进行“心理角色互换”，这样才能更好地还原生活的真实面貌，表达真挚的情感，引发新的联想与创造性的构思。

汉语有着深厚的历史底蕴与悠久的传承，其语言表现形式丰富多样、灵活多变。在学习语言的过程中，存在一定的规律可循，其中一个重要规律是语言训练必须和思维训练紧密结合。在理解语言时，学生可以在理解的过程中灵活转换，在转换的过程中也可以拓展，在拓展的过程中又能灵活转换。只有做到这样，学生的思维才能更加顺畅，也才能激发学生的创造性思维。同时，在语言与心理过程中产生的感知、想象、思考、记忆，以及心理意向过程中产生的兴趣、动机、情感、意志等，都存在着密切的联系。无论是在理解和学习语言，还是在运用和表达语言时，都需要从激发学生创造性思维的心理层面入手，挖掘他们内在的智慧，这样才能在语文学习过程中实现新的发现与创新。

因此，语文教学的关键问题在于，在向学生传授基础语文知识的同时，要充分发挥语文作为思维学科的特性，培养和训练学生的创造性思维能力。教师应当充分利用这一有利条件，在语文教育中培育学生的创造性思维。

（二）语文课堂要创设良好的思维环境

1. 创设良好的思维环境的必要性

为了培养学生的创造性思维能力，营造一个良好的思维环境极为关键。一个健康的思维氛围能够点燃学生对认知的渴望，激发他们的学习主动性。兴趣体现了人们带有倾向性的心理特征。当学生对某事物产生浓厚兴趣时，就会以积极且执着的态度去探索。在教学活动中，只有当教师成功点燃学生的认知热情时，才能激发他们强烈的创造意愿。学生的兴趣是他们展现认知主动性与热情的核心要素。所以，教师需要着力激发学生的学习兴趣，为他们开启创造性思维之门，并打造一个有利于思维的环境。具体可采用以下几种方法：①通过导语激发兴趣；②借助朗诵引发兴趣；③利用绘画调动兴趣。

一个健康的思维环境有助于学生形成积极的适应心态和稳定的心理模式。当学生释放内心压力，摆脱犹豫不决的情绪时，会产生出一种内在的自由，这种自由不会受到冲击、恐惧、强迫、紧张或外界刺激的干扰，他们会有坚定的决心、持续的自我提升动力，以及敏锐的观察力、精准的预测能力和强烈的好奇心。在语文课堂上，教师朴素的着装、愉悦的笑容、文雅大方的举止以及亲切友好的对话，能吸引学生的注意力，也有助于学生的心理放松，这些都是构建健康思维环境不可或缺的因素。相对而言，如果教师在课堂上表现不佳，面无表情，语言冷漠，态度生硬，学生可能会因害怕而不敢主动参与。特别是教师简单说出“错”字时，会让学生感到沮丧，思维变得封闭，更别提形成健康的思维模式了。

一个健康的思维氛围也为构建和谐的师生关系奠定了坚实基础。培养创造性思维能力不仅与社会和历史背景有关，更为关键的是要有一系列能顺利开展的教学环境，这主要包括教学氛围和师生互动关系。一个健康的思维环境意味着需要融洽的氛围以及和谐的师生互动。在“人本”教育思想指引下，教师的首要任务是营造宽容、民主的教学环境，确保每名学生都能积极投身教学活动，此时教师不再仅仅是信息的传递者或指导者。在师生关系中，民主、亲密且和谐的互动是开展创造性教学和培养学生创造性思维能力的必要条件。语文教师致力于营造一种独特的教学氛围，让学生能在思维层面真正得到解放。

2. 创设良好的思维环境应遵循的原则

托兰斯提出，教师在教学思维活动中应恪守以下准则：尊重学生提出的各类问题；珍视学生的创造性思维与独特见解；引导学生认识自身观点的价值意义；可安排实践任务但侧重过程体验而非结果评判；采用因果关联视角进行评估反馈。

基于托兰斯创造性思维教育理论，我们确立如下实施原则。

民主性原则：以“学生主体”为核心理念，尊重多元思维表达，保障学生在课堂中的自主性地位。

整体性原则：面向全体学生构建思维场域，尤其关注相对弱势群体的思维发展，赋予每个学生思考的权利。

积极肯定原则：无论学生给出何种回应，教师均需从多维度给予正向反馈，核心在于确认其思维过程的主动性特征。

个性化原则：鼓励学生展现独特思维特质，支持“奇思妙想”“天马行空”的思维探索，持续激发思维活力。

3. 怎样创设良好的思维环境

（1）打好思维基础

高中语文创造性思维能力培养需建立在小学阶段思维训练的基础之上，而高中语文思维活动本身即为创新素养培育的基石。创造性思维的形成离不开知识积累，缺乏知识储备的个体难以开展有效想象与思维创新，更难以成长为创新型人才。

教师可以组织系统化资源建设，广泛收集语文学科相关素材，涵盖语言规范、经典诗词、名人典故、成语故事及读写策略等领域。通过晨读与拓展课程，指导学生分类整理所收集的素材。同时还可以拓展信息采集渠道，引导学生整合多源信息资源。海量信息储备有助于拓展认知视野，促进跨领域知识融合，为创造性思维提供认知支撑，使学生在有限时空内获取无限知识养分。

（2）建立良好的学习机制

虽然学习机制属于系统性过程，但从学习动机和认知能力的角度而言，若想构建一个有效的学习机制，首先要从学习动机这一角度入手。比格斯的研究成果表明，学生的学习动机是决定他们选用何种学习策略以及这些策略实施成效的关键要素。受外部因素驱动的学生，往往更倾向于采用并运用机械化的学习方法；而受内部因素驱动的学生，则更偏爱选择具有深度且有条理的学习策略。良好的学习环境有助于激发学生的思维创新能力。

（三）语文课堂要重视培养学生的思维品质

思维品质指的是在思维过程中展现出的独特个性，也被称为思维中的智慧特质。培养学生的思维品质是提高其创造性思维能力的关键路径。

1. 培养思维品质的重要性

（1）能促使学生以辩证的思维去认识、分析并解决问题

在思维发展进程中，既要看到思维发展的普遍规律，也要留意其独特之处。这一观点立足于辩证唯物主义，旨在培养学生思维品质的过程中，让我们明白在把握普遍性的同时，也要关注个体间的个性差异。正因如此，我们应当重视个性发展，鼓励学生勇于思辨，进而能够以辩证的方式解决问题。

（2）有针对性地促进学生的思维发展

思维品质的成长既受到个体自身差异的影响，也受到不同年龄阶段差异的限制。我国心理学研究显示，在小学教育阶段，孩子们的思维敏捷性往往表现出多变且不稳定的特征，而在这一敏捷性发展期间，孩子们的年龄特点更容易呈现出变动性。儿童思维深度在其成长过程中，不仅持续向前发展，还经历了一个重要的转变或突变时期。在思维品质发展进程中，不平衡现象应被看作思维品质发展年龄特性可变性的一个重要体现，须通过有效的教学方法予以解决。为了培育学生的思维品质，我们要依据学生在不同年龄阶段的心理特征展开深入研究，并着力培养他们的思维能力。

（3）使心理学理论与教育紧密结合，提升教学效率

著名教育家赞可夫在研究儿童思维特质时，提出了“教学与发展”这一核心思想。他一直强调，在各学科教学过程中，要注重培养学生的逻辑思维能力，同时也要培养他们思维的灵活性与创造力，其核心理念是“借助最好的教学效果使学生达成最理想的发展水平”。所以，他将儿童的心理成长与教育教学的进步紧密相连，期望通过培养学生的思考能力来收获出色的教学效果。如今，我们设定了培养学生思维品质的目标，就是要把这个目标与教学活动深度融合，从而在教学实践中切实提高学生的思维品质，优化教学过程，提高教学成效。

2. 思维品质培养的内容

思维的深刻性，体现为抽象逻辑这一特性。思维具备深度，主要表现在能够针对问题展开深入剖析，精准捕捉事物的内在规律与本质特征，并据此对其未来发展趋势做出合理预测。思维的灵活性指的是在思维活动过程中智力运用的灵活程度，具体涵盖思维起始点的灵活选取、思维过程的灵活推进、知识迁移能力的强大，以及善于对各类要

素进行巧妙组合。思维的创新性意味着个体能够开展独立思考，进而催生出兼具社会价值与创新元素的思想成果。思维的敏捷性则是指个体在思考时所呈现出的反应速度或快捷程度。创造性思维作为一个有机整体，正是由思维的深刻性、灵活性、创新性、敏捷性等具体品质内容所共同构成的。

二、创造性教法与创造性学法

（一）“互动—创新”式教学理念

学生创造能力的高低是评判创造性教育成效的关键标尺，而该教育成效也必然映射出语文教师在创造性素养方面的水准。学生在语文学科学习中的具体表现，以及其知识吸纳、传递和创造能力的养成状况，均为影响其学习与创造性能力发展的核心要素。因此，在语文教学实践中，对学生创造性的培养应是双向互动的，唯有教师与学生均具备创造能力时，这种培养方式才能真正落地生效。

1. 理论依据

（1）哲学依据

人的全面发展学说是实施“互动－创新”教学的基础。人类的认识来源于实践，并受实践的检验，又在实践中不断得到完善和发展，因此，学生必须亲自参与整个教学过程，主动获取各种经验的信息，开动脑筋，调动各种思维方式，运用正确的思想、观点和方法，进行分析、综合和创造性探索，在积极的实践活动中获得知识，培养能力，实现各种素质的全面、和谐、协调发展。

（2）教育心理学依据

新兴的教育理念注重教学过程的民主特质，倡导构建平等、宽松的学习环境，以此达成师生间的彼此尊重与协同共进，保障学生能够以平等姿态融入教学活动，助力他们切实成为学习进程中的主导角色，推动学生从被动接受知识的“被动学习”模式，转变为积极投入其中的“主动学习”模式。在美国、德国、法国等国家，教育界的专家学者极为看重合作式（也称互助式）学习方法。

2. 概念的界定

（1）“互动－创新”教学的内涵

“互动－创新”是中学语文教育教学领域中的一种运作机制，其核心教学原则、策略及方法均围绕互动展开，主要教学目标在于培养学生的创新思维与实际操作技能，这同时也构成了其教学组织架构与发展路径。这一过程以互动学习为起点，以迁移与创新为指引方向，它既是一个实践训练逐步推进的过程，也是一个认知活动持续深化的过程。该教学架构与训练流程是在互动教学理念的指引下，借助互动式教学方法来构建与实施的。

（2）“互动－创新”教学的基本架构

教师、学生和教材是构成教学系统的三大关键要素。在“互动－创新”教学模式中，教师与教材、学生与教材、教师与学生、学生与学生之间的互动关系应当是立体且相互交织的。教师科学处理教材后，学生在教师的组织与引导下，和教师、同学共同探讨学习内容，并将学习与讨论过程中获取的信息反馈给教师及其他同学。与此同时，学生还能从教师和其他同学的评价以及迁移训练中获取新的信息，进而对所获信息进行积累、突破与创新，最终将其转化为自身的语文能力与素养。

3. 操作原则

（1）主体性和自主性原则

教师处于教学主导地位，学生处于学习的核心主体地位，因此唯有富有创造力的教师，才能切实激发学生学习的创造活力。为激发学习主体的创造活力，教师既要尊重学生，又要着重培养学生的自主学习能力。培养学生的自主性，关键在于强化其自主学习能力，这涵盖培养学生独立学习所需的心理特质，如坚韧意志、专注心力、浓厚兴趣及平和心境。此外，培养学生的自主性还需为学生提供系统性知识，便于其应用与迁移。同时，还要培养学生的记忆、联想、想象、逻辑思维、辩证思维及创造思维等智力特质。最后，培养学生的自主性需要培养学生的自我评估与自我调控的能力，如明辨是非、美丑，具备自我调节心态，从而塑造能承受挫折且善于合作的性格。这样做的目标在于引导学生从学会独立学习起步，进而学习如何生存和做人，培养独立、自尊、自重且具有创造力的个性。

（2）互动性和协作性原则

互动涵盖教师间、师生间、生生间及群体间的互动活动，是多维度交互的过程，参与者相互促进与合作。其中，教师间互动是教学设计环节，教师共同研讨、交流经验、相互学习，以制订更优的教学方案。在教学实施过程中，教师不仅是课程教学的“教”“述”“问”“导”者，更是“学”“思”“听”者。他们不仅是课程教学的组织者与障碍排除者，还是课堂信息的捕捉者、判断者与组织者。同时，教师依据反馈信息及时调整、优化教学方法。学生的角色不仅限于“听”与“答”，还扮演“问”“说”“思”角色；不仅作为“学”者，还从单纯“学”拓展至参与“教”的过程，部分学生在一定程度上转变为“教”者。在教学活动中，教师、学生共同思考、交流、讨论，始终保持相互交流与合作状态。

（3）创造性与求真性原则

创造性教育以创造性思维为导向，教导学生运用创造性思维方式，鼓励学生积极参与创造性活动，促进创造力全面发展。培养学生创造性思维，首先要树立观念，即每个学生都具有创造性潜质，应重视其创造性思维能力的初步发展。求真性意味着在培养学生多向、逆向的创造性思维时，要重视思维的一致性与真实性，即认同在人类普遍接受的历史阶段，有助于生产力增长的相对真理，避免思维训练过度绝对化。

（4）活动性与优质性原则

活动性是指确保学生有充足时间参与学习，优质性是指保障学生参与学习活动的质量。通常，当一节课时间超过 2/3 时，教师可以鼓励学生积极参与阅读、提问、讨论、回答、演讲、互评、制作卡片、整理笔记、写作等活动，有时还可以安排剩余时间让学生到图书馆查找资料。

为提高学生参与学习方法活动的质量，须特别重视加强质疑环节，学生能提出问题即表明已开始深入思考。学生参与学习活动可分为三个层次：浅层次参与，如常规朗读、重述、简单问题回答、讨论及预先准备的演讲等，有助于活跃课堂氛围，激发学困生学习热情，但思维训练可能不足；较深层次参与，如自主提问、总结重点、分析内容与写作方法、比较文章差异、观察生活现象或阅读短文引发讨论等，这些活动伴随积极思维活动，能有效开发学生智力；深层次参与，即创造性参与，这是更高的层次。在一节课中，高中生参与的活动应包含较深层次参与和深层次参与。

（二）创造性思维与创造性教法

为激发学生的创造性思维能力，教师所采用的教学方法须具备创造性特质。教学方法作为达成教学目标所运用的手段，不仅涵盖教师所运用的教学策略，还涉及学生所采取的学习策略。

苏霍姆林斯基认为，一个完善的智育体系，其至关重要的前提在于，教学方法、课程架构以及课程的所有组织要素与教育教学要素，均应与教材的教学目标及教育目标相契合，与促进学生全面发展的任务相匹配。教学方法的优劣，在某种程度上，是衡量教学质量高低的核心要素，同时也会对学生的学习积极性、思维活跃度，以及他们对教材内容的记忆、理解与运用能力产生直接影响。

1. 创造性教法的含义

巴班斯基认为，教学方法是一个综合性概念，理解它意味着在实际运用中，人们不会刻意将各种方法割裂开来。鉴于教学方法具有综合性，在教学过程中，必须将多种方法有机结合。因为教学是师生双向互动过程，教师教学旨在促进学生学习，所以学习是教学的核心环节。这里，就要研究一下，什么叫学习的问题。学习是学习者在接收与输出信息后，通过反馈与评价判断正确与否的完整过程。接收、输出、反馈和评价均为必要环节。学生是充满活力与个性的个体，在学习过程中，学生的接收与输出并非机械行为，而是与兴趣、情感和意志等非智力因素紧密相连。教师有责任依据学生的心理需求，通过教学活动促进学生创造性思维的发展。

教育家第斯多惠认为："一个坏的教师奉送真理，一个好的教师则教人发现真理。"从教学实践积累的经验来看，那些遵循如下准则的教学方法，能够被认定为是具有创造性的教学方法。

第一，善于激发学生学习热情，鼓励其主动探寻知识。

第二，鼓励学生主动提问，提出高质量问题；激励其深入研究与讨论问题，探索解决方案，获取准确答案。

第三，对学生提供的创意答案给予鼓励，持续激发其创造能力。

第四，教师在班集体中以一个成员的角色出现，和学生建立平等的师生关系；营造愉悦和谐的学习环境，让具备多元观点的学生勇于表达；培养学习上的后进生，使其消除自卑心理，敢于参与争论；使每个学生都能得到表现自己的机会。

第五，培养学生评价他人与自我评价的能力，促进批判性思维发展。

第六，鼓励学生摒弃对书本和教师的迷信，勇于独立思考，培养追求真理的信念与勇气。

苏霍姆林斯基认为，教学方法可分为两类：一类是帮助学生初步掌握知识和技能的方法，另一类是帮助其深化、拓展知识的方法。"显然，这两类方法并非完全独立。从认知角度来看，记忆、理解、应用知识是逐渐深入的过程。教师在教学中，需要创新融合多种方法。

创造性教法，是从问题开始。正因善于质疑与敢于质疑，科研才有重大发现与创新。学生学习前辈的知识经验时，应从质疑出发，以质疑启发思考，培养创造性思维。

2. 几种创造性的教法

（1）课前演讲的创新

在众多语文教师的日常教学中，课前演讲已成为常规教学环节，在提升学生口头表达能力方面扮演着重要角色。叶圣陶先生作为著名教育家，曾强调语言与思维训练应并重。然而，部分教师尚未充分认识到，这也是培养学生创造性思维的黄金时机。

（2）课堂提问的创新

教学实践表明，学生思维活跃度最高时，往往出现在师生提出启发性问题的环节。设计哪些类型的问题能有效激发学生的创新思维呢？第一，可设计假设性问题；第二，可设计发散性问题；第三，可设计质疑性问题。

（3）课型结构的创新

课型结构指课程各构成要素及其相互关系、排列顺序与时间分配。它反映了特定教材单元框架下，一节课的教学过程与组织形式。课程结构的设计需遵循认知论、学生心理特征及教育理论。正如教育家赫尔巴特所言，教学阶段应分为明了、联合、系统与方法四个阶段。其理论基础源于心理学统觉理论，即当前更清晰的心理学认知理论。我国现行课程结构以辩证唯物主义认识论和心理学理论为指导，结合教学实践经验，旨在保障课堂教学的逻辑性与有效性。

（三）创造性思维与创造性学法

随着社会的发展，教师角色已从单纯的知识传授者，转变为学生学习指导者与科学学习方法的引导者。为激发学生的创造性思维，教师不仅需要关注教学方法的创新，更需要深入探索学习方法的革新路径。事实上，学习方法研究既是教学创新的起点，也是其最终归宿。可从以下维度引导学生进行实践。

1. 探索“课前预习－课中对话－课后拓展”的互动学习策略体系

（1）预习引导策略

自学生入学伊始教师便开始注重培养其预习能力。从基础课文阅读到深度内容理解，从知识获取到问题生成，逐步递进，螺旋上升，最终实现语文自主学习能力的形成。具体而言，该策略的核心包含预习指导的渐进实施路径：先明确阅读内容，再深入领会思想，最后提出疑问。预习资源开发形式多样，涵盖家庭与小组协同预习，以及利用家庭书架、班级图书角、学校图书馆、校外书店、网络资源及视听材料等信息渠道。此预习模式为学生自主阅读提供了广阔空间，既有助于培养多元智能与自主学习能力，又能有效整合学生个人资源，践行“先学后导”的教学理念。

（2）预习成果展示策略

研究发现，充分预习后的学生普遍表现出强烈的表达意愿与课堂参与需求，因此教师需要构建展示平台与交流空间。为此设计的“预习成果展示策略”包含三大操作环节：“二读”即自主阅读课文并掌握生字词；“三说”涵盖说文章的相关材料、说自己读懂什么、说自己是怎么读懂的；“一问”即聚焦预习中遇到的疑难问题。此策略既能满足学生的成就体验，又能促进同伴间的学习互鉴，培养学生欣赏与尊重他人的品质。

（3）课中对话策略

在课堂教学中，教师积极鼓励学生提出自学过程中的疑问。结合教师自身对教材的理解，师生共同筛选具有研究价值的问题，在课文重点与难点之间搭建对话桥梁，开展师生、生生、师生与文本、师生与作者的多维互动研读。教师可根据教学需要灵活采用个体探究、小组合作或全班研讨等组织形式，以问题为导向设计互动教学活动。

（4）课中实践体验策略

具体教学实施过程为，依据不同学习内容与语言训练目标，设计多样化互动学习场景，引导学生运用手、口、眼、耳、鼻、脑等多感官参与语文学习。其具体包括组织读书竞赛、戏剧表演、歌曲演唱、绘画创作、观察鉴赏与讨论辩论等实践活动。“课中实践体验策略”遵循“互动—成长”与“体验式学习”的原则，通过多模态互动缓解学习压力，突破传统讲授式教学的单向性，使课堂充满动态生命力。

（5）课中语言再造策略

语言再造策略围绕语文学科的语言训练功能，设计成语接龙、诗词朗诵、故事讲述、创意写作、图文日记、校园标语设计、家乡宣传片制作、调研报告撰写等实践活动，构建浸润式学习环境。该策略通过语言实践促进知识积累、能力提升与情感态度价值观的立体化发展。

（6）课后拓展延伸策略

互动学习不仅体现为方法维度的延伸，更包含空间维度的拓展，贯穿预习、课中、课后全流程。在拓展深化阶段，教师设计课堂延伸活动，包括资料检索、学习经验分享、小组合作项目、社会实践参与等。这些活动搭建起学生与多元主体（人、文本、生活、社会、自然）的对话平台，实现了知识应用、能力迁移与综合素养的全面发展。

2. 培养互动学习的习惯

开展“互动—创新”学习模式的具体操作步骤如下：在课堂教学环节中，学生要开展自主预习、自主探究以及自主发展等活动，借助师生、生生、师生与教材、师生与学习环境等互动学习方式，不仅促使学生掌握学习方法，还能够促进学生学会深入思考与创新。

“自主预习”作为前置环节，指的是在预习新知识内容（涵盖教材以及与教材相关的参考资料）时，运用同化和迁移的方法，以此搭建个人的认知体系。它不仅是培养学生自主学习能力的关键途径，也是学生掌握与运用知识、培育创造性思维的重要基石。

“自主探究”的核心要义在于，当学生搭建起自己的认知体系时，借助与他人（可以是同学，也可以是师生之间）互动提问的形式，深化学生对知识的理解，强化新旧知识间的关联，并培养他们分析和解决问题的能力，这也是检验师生自我认知结构的重要节点。

“自主发展”的核心主张是，通过教师与学生、学生与学生，以及师生与学习环境等多方面的互动，为学生解答各类疑问，帮助他们形成独特见解，进而培养出具备研究与创新能力的人才，这也是互动学习模式所追求的最终目标。

“自主预习、自主探究、自主发展”构成了一个彼此关联且逐步深入的认知发展过程。

“互动”这一理念将教学活动看作人与人之间信息动态交往生成的过程，是必须借助于多种媒体形式来实现的。这不仅要求教师与学生开展口头交流与实际操作，还要求双方情感饱满、思维活跃，把身体、思维、情感层面的“互动”与文本、作者、环境方面的“互动”紧密结合起来。这在保证师生情感地位平等的基础上，采用教师与教师、教师与学生、学生与学生之间相互支持与协作的方式，强化了教师与学生、学生与学生之间的互动交流，激励学生主动学习，实现创造性成长。“互动”这一理念不仅贯穿于教学过程之中，还延伸至课前与课后的各类互动活动。

第五章　基于课程标准的高中语文教育教学方法基本理论

第一节　语文教育教学的内涵和特点

一、语文学科的内涵

（一）语文学科的性质

长期以来，针对语文学科性质的问题，学界并未形成统一且明确的界定。一种观点主张语文学科具有工具性；另一种观点认为，语文学科不仅具备实用价值，还承载着丰富的思想意蕴；还有一种观点提出，语文学科兼具工具性、思想性以及文学特质；此外，还有观点指出语文学科融合了工具性、思辨性、实践性和综合性等多重属性；还有观点将语文学科性质划分为基础属性与次要属性两个层级，其中基础属性涵盖工具性、基础性和思想性，次要属性则包括文学性、知识性和社会性。在众多观点中，工具性和思想性得到了大多数观点的一致认同。

"语文"一词的含义是什么？在日常生活中，口头表达被称为口语，将其书写下来则被称为书面语。口语即口头表达形式，书面语则是书面呈现方式。将口头与书面表达方式综合起来，我们便将其称为语文。这一名称自 1949 年下半年开始广泛使用，1951 年正式统一。中华人民共和国成立前，该学科在小学阶段普遍被称为国语，在中学阶段多被称为国文，中华人民共和国成立后统一称为"语文"。

语文 = 语 + 文 = 口头语言 + 书面语言 =（口头 + 书面）语言，语文是广义的语言。语文作为一种重要的语言形式，是人类最主要的交流工具。语言不仅是工具和媒介，人们还通过它进行思想交流，以达成相互理解。这些分析不仅揭示了语文学科的基本内涵，还进一步印证了工具性作为其核心属性的地位。尽管语文是一种工具，但它并非用于物质生产的工具，而是用于情感表达和意图传达的工具。尽管语文本身无阶级属性，但当人们使用它时，便融入了丰富的思想和情感。语言是思想的直接体现和物质载体，也是思想及其活动的具象化表达。此外，大多数语文教材均选自古今中外广受赞誉的经典作品，其中蕴含着深刻的思想和情感，这些内容均以文字形式呈现。由此可见，语文学科的一个显著特性便是其思想性。

因此，语文学科是以工具性为本质特征，以思想性为显著标志，工具性与思想性相互依存、辩证统一的基础学科。这便是对语文学科性质的界定。准确把握这一性质，语文教学设计需明确：鉴于语文的工具性，应着重培养学生的语言掌握和运用能力，即理解与运用语文的能力，具体表现为听、说、读、写能力；鉴于语文的思想性，应因势利导、水乳交融地对学生进行思想教育和审美培养。

（二）语文教学的目的

教育是一项具有明确指向性的活动，它涵盖了教育者有计划、有策略地对学生施加影响的整个过程。语文教学的目标体现了语文教学的出发点与最终归宿。为达成语文教学的目标，必须要保证语文教学的每一个环节、每一个层级以及所有相关工作都应围绕这一目标来开展。语文教育的核心目标是根据语文学科的本质特征、总体教育目标以及社会发展的需求来确定的。鉴于语文学科具有工具性这一特点，在语文教学中要重视基础知识的讲解与基本技能的训练。与此同时，语文学科所蕴含的思想性要求要注重对学生思想品德方面的培养。为推动语文学科朝着更科学、更现代化的方向发展，语文教学应加大对智力开发与挖掘的关注度。双基教学、品德培养以及智能开发这三个核心要素相互融合，共同构建起语文教学的三维立体结构体系。显而易见，在不同的社会架构与历史情境下，人们对语文功能的需求和要求存在差异，这也使得语文教学目标有着不同的阐释与理解。

（三）语文教学的原则

语文教学的基本原则是从实际的语文教学经验中总结出来的，并以此为基础来指导实际的语文教学活动的。这些原则是语文教学中最核心、最根本的内在规律的集中表现，也是语文教师在处理教材和组织教学活动时必须遵守的规范和标准。

1. 语文“习得性”教学原则

在语言学领域，语言与言语被明确区分为两个不同概念。语言可视为言语的系统化与整体性表达，其构成包含语音、词汇、语法等理论要素。言语则指个体在特定语境中为实现交际目的而使用的语言形式。换言之，语言是社会成员共同掌握的交际工具。

语文教育本质上是语言及其表达方式的教学活动。语文课程不仅传授语音、词汇、文字、语法、修辞、逻辑等基础知识，更注重培养学生的口头与书面表达能力。言语能力涵盖朗读、默读、复述、背诵、看图说话、对话、演讲、写作等具体语言操作技能，其培养主要依赖实践训练。这正是语文教育必须遵循“习得性”原则的核心原因。在语文教学实践中，“习得性”原则具体体现为听、说、读、写四项基本能力的系统培养。鉴于四项能力具有整体性与互补性特征，语文教学除单项技能训练外，更需开展听、说、读、写综合训练。读写结合、说写结合、听说结合、听写结合、听读结合、读说结合、听说读写结合等多元训练模式，能促进学生语言能力的全面提升。

语文教学中的“习得性”原则与奥苏伯尔的“有意义言语学习”理论及布卢姆的“掌握式学习”理论具有内在一致性。奥苏伯尔认为，学生通过学习“有意义的语言材料”可实现知识内化与表达运用，该理论揭示了言语习得的认知规律，为语文教学“习得性”原则提供了心理学与生理学依据。布卢姆强调学习是持续的认知过程，教学应聚焦学习策略培养。通过目标设定、群体教学、评价反馈等环节，学生可掌握高效学习方法。该理论突出学习的实践性与训练性，为“以掌握母语为核心”的语文教学提供了理论支撑。

简言之，现代教育的本质是“教学生学会学习”。只有将教学重心转向学生“会学”能力的培养，才能体现现代教育理念。现代语文教学的核心目标是培养学生语言运用能力，尤其注重口头表达能力发展。皮特·科德认为，语言教学应聚焦语言使用能力培养，而非单纯传授语言知识。人们培养的是能用语言交流的人，而非语言研究者。这一理念明确了语文教育的本质方向，要求教师建立新的教学思维。

遵循“习得性”原则，语文教师必须重视学生语感的培养。语感是社会成员对语言的直觉感知能力，表现为在语言感知中无须思维介入即可直接理解语音、字形等符号信息。该能力显然通过实践训练获得，体现了语言习得的本质特征。

2. 语文“开放性”教学原则

20 世纪 80 年代，河北特级教师张孝纯率先提出“大语文教育”理念，并开展了为期十年的教学改革实践。他在文章《一条广阔的语文教改之路》中系统阐述了该理念，主张语文教学应构建“一体两翼”结构：以课堂教学为主体，以开展语文课外活动和利用语文环境为两翼。这一构想与语文学科的社会性和生活性特质高度契合。著名教育家科勒涅克曾指出，语文学习的外延与生活的外延相等。该论断揭示了语文教学的本质：

教学对象是生活场域中的学生，教学内容是生活场域中的真实语言现象。语文教育旨在培养学生在生活语境中准确理解和运用语言的能力，因此具有区别于其他学科的开放性特征。语文教学除课堂渠道外，更需融入社会生活，充分挖掘各类语言环境与语言生态资源，系统培养学生的语言素养。

遵循“开放性”原则，语文教师应强化课外语文实践活动与阅读体验；同时需设计目标明确、计划周密、针对性强的“语文活动课”，引导学生在真实语境中习得语言、运用语言，实现个体与自然、社会、心灵的深度联结，最终成为生活的主人。在具体实施中，需把握三个要点：其一，落实“课内得法、课外受益”原则，帮助学生掌握高效学习策略，提升自主学习能力，养成良好语言习惯；其二，凸显语文学习的“多师性”（多渠道学习）、“随时性”（即时学习）、“随地性”（场景学习）和“终身性”（持续学习）特征，构建开放长效的教学体系；其三，引导师生共建优质语言环境，从个体行为规范做起，抵制语言失范现象。

3. 语文“创新性”教学原则

语文创新性教学原则是指在语文教学中，教师要深度挖掘教材内涵，激发学生的学习内驱力与思维活力，引导其自主“发现”“分析”并“解决”教学过程中出现的问题，从而培养学生的创新性思维能力的教学原则。

该原则的提出基于以下几点：其一，是语文学科思维特点与智力开发目标的内在要求。其二，是对素质教育改革的现实需求。21 世纪素质教育实施的关键在于创新教育模式的构建，“为创新而教”已成为学校教育的核心价值取向。其三，是社会发展变化的客观需要。在全球化背景下，在科技进步加速、知识经济崛起、国际竞争加剧的时代语境中，创新型人才成为国家竞争力的核心要素，创新教育成为人才培育的关键路径。

语文创新教育的核心目标是培养具有创新思维的专业人才。创新思维特指在创造性活动中展开的认知活动，涵盖新事物“探索”、新规律“发现”、新方法“创造”、新理论“构建”、新问题“解决”及新成果“获取”等思维过程。在语文教学中，教学方法革新、教学模式重构、教学观念更新、教学策略优化及教学视角转换，均构成教育创新的具体维度。

4. 语文“审美化”教学原则

所谓的语文审美化教学原则，亦称“语文艺术化”教学原则，是指教育者依据特定时代的审美理念，深度提炼教学教材中的审美特质，对学生实施审美熏陶，从而激发其内在情感与思维活力的教学原则。

该原则与传统学科教育只重视“传道、授业、解惑”的教学方向存在本质区别。传统语文教育过度聚焦“认知规律”，导致教学内容呈现机械刻板、缺乏吸引力的特征。审美化语文教学作为现代语文教学的显著特征，既遵循“认知规律”，更注重“美学规律”。其依据美学原理与艺术准则开展教学，相较于传统模式更具有具象性、感染力、愉悦感、和谐性、新颖性与趣味性。学生在课堂上不仅能够获得知识层面的增长，还能更直观地体验震惊、倾慕、景仰、欣慰等美好情感。

审美化的语文教学原则主张教师应深度挖掘教材，特别是教材中蕴含的自然之美、科学之美、社会之美与艺术之美。教师应着力提升学生对美的感知、理解、评判、鉴赏与创造能力，进而塑造其审美心理结构，培养其完善的人格与美好的人生追求。

语文审美化教学原则作为一大核心准则，贯穿语文教学全流程。从目标维度看，审美教育是语文教学的核心价值取向之一，需通过教学实现学生身心愉悦、情操陶冶、心灵净化，提升其发现美、欣赏美、创造美的能力；从方法维度看，审美教育作为教学工具，贯穿语文教育全过程。教师运用富有美感的表达形式与载体，在课堂探究美的存在，引导学生感知、理解、评判美，使学生在主动参与和情感共鸣中实现知识获取、能力培养与智力发展。

5. 语文“个性化”教学原则

21 世纪被定义为“知识化时代”和“学习化时代”。为契合时代发展需求，教育者应将工作重心从单向传授知识转向培养学生构建新型自由人格的能力。学校教育的核心任务在于塑造具有鲜明个性的个体，培养具有独特性、自主性且身心协调发展的完整人格。在此背景下，语文教学提出了“个性化”理念。

当前我国正全面推进素质教育改革。素质教育是针对“应试教育”模式提出的教育理念，旨在突破升学主义桎梏，在“人人皆能成才”的教育愿景下，倡导多元价值评价体系。该理念要求教师应根据学生的个性特征、性格倾向、兴趣偏好、发展需求及天赋特质实施差异化培养。语文教学作为素质教育的重要载体，必须坚持“个性化”发展路径。

“个性化”语文教学原则具有双重内涵：其一，教学实施需尊重学生个性差异，深入挖掘教材中蕴含的“个性”与“人格”要素，通过个性化教学策略培养学生的独立人格。其二，语文教学“个性化”还应体现在教师教学艺术的独特性上，即追求教学风格的多元化发展，形成各具特色的教学流派。教师教学风格的成熟是专业成长的标志，教学流派的形成则是教育繁荣的体现。我国语文教学领域已涌现出“导读派”（钱梦龙）、

“自学派”（魏书生）、“情感派”（于漪）、“得得派”（陆继椿）、“茶馆派”（段力佩）等代表性流派，这些均是语文教学个性化的典型实践。

“个性化”教学理念要求教师充分尊重学生的个体发展规律，遵循身心成长的自然逻辑，通过优质文本教学塑造独特人格；同时强调语文教师应探索个性化教学路径，开发特色教学方法，形成独特教学风格，在尊重学生个性的基础上实现教学创新。

（四）语文教学的活动对象

教育是人类特有的实践活动，在生产力要素中人既是基础性也是最具能动性的存在；在教育系统内，人同样是根本性且最具活力的因素。教学活动本质上是师生互动作用的过程，教师作为教育者与学生作为学习者共同构成教育实践的核心主体。

教学的本质特征体现为学习指导。在语文教育过程中，学生始终是知识建构与能力发展的核心主体。学习指导构成语文教育的逻辑起点与价值归宿。有效的学习指导需要解决四个关键问题：学习方法的系统构建、学习资源的优化配置、学习时机的精准把握，以及学习动机的持续激发。要实现语文学习热情、积极性、主动性、自觉性与创造性的最大化激发，必须建立在对学生的认知特征、发展需求与情感体验的深度把握基础之上。

二、语文教育的特点

对于语文教育的特点，我们可以从多种视角进行不同的理解。

（一）语文教育的人文性

语文作为人文学科的重要组成部分，与数学、物理、化学、生物等自然学科存在本质差异。自然学科通过原理、公式、定理、法则等要素构建知识体系，这些要素作为客观世界的认知载体，具有确定的客观真实性。语文学科则作用于人的精神世界，其影响具有深远的持续性和延展性。语文资料的多义性特征使其兼具内容丰富性与启示性，导致受众解读呈现多元化特征。

重视语文学科的情感浸润与价值引领作用，可通过经典文学作品塑造人格品质，提升道德修养。语文教育的影响具有隐蔽性、渐进性和长期性特征，难以通过短期强化训练达成目标。若以理科知识习得模式开展语文教学，将难以实现人文精神的深层渗透。

注意教学内容的价值导向作用。语文学习本质上是文化建构的过程，其影响贯穿学生的终身发展，要从战略高度来审视其教育价值。语文课程内容的选择需要兼顾个人成长需求与国家发展需求。

重视学生的个性化体验。学生呈现出的多样化反应不但属于正常现象，而且极具价值。珍视学生在语文学习过程中收获的独特体验，这不仅是对学生个体的尊重与鼓舞，也是对真理本身的敬重。这一理念源于语文学科本身的特性。

（二）语文教育的实践性

在人文学科谱系中，语文与历史等学科存在显著差异。历史学科以历史事实与观点为知识载体，而语文教育则突出实践的核心地位。阅读与表达既是具体行为的过程，也是实践能力的外化表现。语文实践能力涵盖识字、书写、阅读理解、写作表达、口语交际、信息处理及语感培养等。

关注学生的语文实践活动，在具体的语文实践过程中提升语文实践能力。相较于单纯依靠讲授阅读知识来培养阅读技能，更应鼓励学生扩大阅读量；即便学生已掌握一套完整的写作技巧，如果缺乏亲身写作实践，其写作能力也难以真正形成；即便学生能背诵大量语法规则，但因未在丰富的语言实践中养成良好语感，依然难以流畅自如地表达自我。这些观点清晰明确，缺乏实践支撑的知识难以转化为实际能力。所以，教师应着重培养学生的语文实践能力，而非一味强调“知识先行”。

义务教育阶段无须刻意追求语文知识的系统性与完整性。语文知识固然重要，但在高中教育阶段，像语法、修辞这类知识不必过度讲授，也不必追求其系统全面。这一阶段的学生仍处于感性认知阶段，应鼓励他们多接触感性材料，积极参与感性实践活动，通过实践提升自身能力，把握语文基本规律。

语文课程要注重学习与生活的融合，这与实际教学紧密相关。语文课程以母语为根基，与外语学习存在差异。学生在入学前已具备一定语言基础，无须像学习外语那样从零开始，耗费大量精力记忆词汇、掌握语法。学生在母语环境中成长，日常生活里处处蕴含着语文学习资源，随时都有学习语文的机会。新版课程标准中明确提出，“学习运用祖国语言文字的资源和实践机会无处不在”。因此，要充分利用这些资源，在日常生活里学习并运用语文，借助大量实践活动接触海量语文材料，增加语言积累，培养良好语感，强化阅读与表达能力；要重视日常学习，强调长期积累。尤其是在高中阶段，更要注重语文实际运用能力、审美鉴赏能力与探索能力的培养，这既是对实践的深化拓展，也能更有效地促进学生全面且富有个性地发展。

（三）语文教育的民族性

在语文课程的建构过程中，需充分考虑汉语言文字特性及其对识字、阅读、写作、口语交际与思维发展的影响。

汉语具备鲜明的个性特征，它是具象性、灵活性且富有弹性的，能够拓展的创造空间极为广阔。汉语并没有过多刻板的强制性约束，可以说，它是一门真正围绕人的思维与表达需求构建、以人为主体的语言。这种语言在模糊特质里探寻精准表达，若用西方语言的规则与体系去阐释汉语，确实面临很大难度。所以，在传统汉语教学领域，词汇划分多围绕虚实展开，语法层面着重强调语序规则，修辞方面则普遍运用比兴手法。

汉语承载着深厚的文化意蕴，尤其是词汇与词组结构，都饱含丰富的文化信息。与这些因素相比，我国文学凭借强烈的抒情特质备受推崇。中国诗歌不仅是中国艺术精神的集中体现，甚至可以肯定地说，中国文化本质上就是一种洋溢着诗意特质的文化。

中国的语文教育注重知识的逐步积累、深度的感悟领会、文化的浸润熏陶以及语言的敏锐感知，鼓励学生增加阅读与写作量；应克服浮躁、焦虑的不良心态，不能急功近利，也不能期望短期内就看到显著成效；要着重培养全面且扎实的综合驾驭能力。

三、语文教学的过程

（一）语文教学过程的内涵

语文教学构成复杂的交互系统，各子系统与要素通过纵横交织形成立体化网络结构。该系统内各要素间的关联性表现为动态性、组织性与规则性，而非孤立性、静止性或无序性。语文教学过程作为核心子系统，依托教学目标、内容、形式与方法构成横轴维度，以教学阶段、环节与步骤形成纵轴维度，构建出纵横交错的坐标体系。不同单元、不同课题与不同课时的具体教学实施，恰似在该坐标系中生成形态各异的“象限空间”。

教学过程概念存在“教学程序”“教程”“教学过程”等多元表述，其本质内涵均指向教学阶段的历史性演进、发展轨迹、推进机制与动态变化。教学过程概念揭示了教学各阶段之间的交互关系，既保持相对独立性又遵循特定规律实现交替和推进。

赫尔巴特是首位清晰阐明完整教学过程及其对应理论策略的学者。在 19 世纪上半叶，他深入探究儿童的心理活动规律，他认为学生在学习过程中产生的各类心理反应本质上都是观念的反映，并据此提出教学过程应划分为四个关键阶段。第一阶段：明了阶段。在此阶段，教师主要承担新知识传授任务，运用直观教学手段，吸引学生注意力，引导他们全身心投入学习，精准把握所学知识。第二阶段：联合（联想）阶段。教师借助对话形式，助力学生将新学知识与自身已有的知识经验相联系，促使新旧知识相互融合，进而加深对所学内容的理解程度。第三阶段：系统（概括）阶段。教师引导学生开展深度探究与理解活动，对所学知识进行系统梳理与融会贯通，挖掘知识内在规律，提炼基本原则或概念，最终得出相应结论。第四阶段：方法阶段。教师引导学生开展独立思考，并运用已掌握的系统知识开展各类练习或完成作业任务。赫尔巴特运用心理学方法阐释教学过程，他指出，教学过程中的“明了—联合—系统—方法”四个阶段，与儿童获取知识时的心理过程所呈现的“注意—期待—探究—行动”几种心态相契合。这一教学方法理念在欧美地区盛行 50 余年，并逐步发展形成“赫尔巴特学派”。赫尔巴特被广泛视作教学过程理论的奠基者，同时也是近现代教育史上传统教育流派的开创者。

（二）语文教学过程的特征

在语文教育实践过程中，教师依据教学目标与学情特征，有计划、有目标地引导学生习得语言知识，提升语言能力、启迪思维智慧、涵养情感态度、塑造健全人格。从系统科学视角审视，语文教学过程实为由教师、学生、教学内容及教学方法等要素构成的动态系统，各要素缺一不可，共同维系教学体系的完整性。

语文教学过程呈现出显著的层级性与综合性特征。基于认识论、课程论、学生发展论及教师角色论等多维分析框架，可归纳其核心特质如下。

1. 语文教学过程是一种特殊形态的认识过程

语文教学过程本质上是一种特殊形态的认知发展过程，其运行机制与辩证唯物主义认识论高度契合。在语文教育实践过程中，教师教学行为既包含具体的教学操作，又体现对语文教育规律的“认知深化”；学生学习行为既包含语言实践训练，又蕴含对语文知识体系的“认知建构”，二者共同构成“实践—认识—再实践—再认识”的螺旋上升过程，最终实现从知识被动接受到能力自主生成的转变。

语文教学过程具有鲜明的目标导向性特征。该过程在专业教师的系统引导下，围绕既定教学目标，依托标准化教学制度与规范化的教学形式，组织学生进行结构化的认知活动。这种认知方式通过教学路径的预设，显著缩短了知识发现的探索周期，极大提升了认知效率。学生学习语文知识，不必再像前人认识语文规律那样去长期探索，而是在老师的指导下，通过语文教材，以十倍、百倍、千倍的速度超越前人。

语文教学过程表现出显著的认知间接性特征。传统认知理论强调直接经验的基础性，但语文学习主要涉及书本知识及间接经验，其认知活动并非完全基于直接体验。尽管直接经验是知识的本源，但人类认知活动必然超越个体直接经验的局限，转而依赖间接经验构建知识体系。个体知识储备通常包含直接经验与间接经验两个维度，因此从知识建构的整体视角看，任何知识形态均与直接经验存在关联性，语文教学正是通过间接经验的有效转化实现"认知目标"。

2. 语文教学过程是具有专业特点的教学过程

一方面，语文课是涵盖口头语言与书面语言的综合性语言课程。另一方面，文学作为语言的艺术，文章依托语言得以呈现。在教学进程中，教师应引导学生通过朗读课文感知形象魅力，并在此基础上展开深入剖析与欣赏，从而更透彻地理解形象在社会与现实层面的意义。当教师进行一篇文章的教学时，务必遵循文章学与文体学的教学要求。记叙文、说明文、议论文和应用文各自具备独特的教学方法，教学中不可过于机械、呆板。语文既是一门具备实用价值的学科，也是一门富有思考深度的基础性科目。在进行语文教学时，要凸显学科的独特属性。鉴于语文是一门工具性学科，教学过程中强化听、说、读、写的训练极为关键；若要深化思想内涵，则应开展思想熏陶与审美教育，以此净化并美化学生的心灵。这种方法成功地把双基训练和思想教育融合在了一起。

3. 语文教学过程是促进学生发展的教育过程

语文教学过程是促进学生身心全面培养与发展的教育过程。语文作为学校的核心主干课程，开设周期最长、课时数量最多，其教学内容极为丰富多元，为学生提供的教育也是最为深刻且广泛的。一方面，语文课程聚焦于语言学习，而这种语言与学生的心理发展存在紧密关联。通过听、说、读、写等各类语言技能训练，学生的记忆、观察、联想、想象能力以及具体与抽象思维能力均能在不同程度上获得培养；另一方面，语文课程涵盖丰富知识、情感教育（也即审美教育）以及品德教育，都有利于学生各类心理活动、个性心理特征和行为方式的恰当塑造与成长，进而达成基于认知的知识、情感、意志与行为全方位发展。

4. 语文教学过程是促使教师自我提高的过程

在语文教学实践过程中，教师承担着主导性育人职责，其专业成长与教学相长机制紧密相连。教师通过组织教学活动激发学生的学习主动性，在此过程中持续更新知识结构、优化认知策略、精进教学技艺，实现专业素养的螺旋式提升。

5. 语文教学过程是语文教学信息的传输过程

任何符号序列均具备承载信息的能力。以语文教科书为主体的教学内容构成了教学信息传递的重要途径。

6. 语文教学过程是一个错综复杂的动态过程

语文教学过程不只是持续运转的思维活动，更是一个结构繁复的系统，呈现出一种交织缠绕的动态架构。它既具备共性特征，又存在显著差异；既具备连贯性特质，又呈现出阶段性面貌。语文教学过程是一个紧密衔接的过程，在这一过程中，能够拆解成多个独具特质的教学环节。它既维持着自身的独立性，又具备一定的融合特性。尽管各个教学阶段相对独立，但在不同教学阶段里，教学内容与教学方式或许会出现相互交融、彼此渗透的情况。

第二节　语文教育教学的基本理念

一、语文教育的人文关怀

语文教育的目标在于促进个体身心协调发展，保障每个人在成长过程中都能体悟到精神与生命的价值。也就是说，个体在开展语言学习、接受文学熏陶的过程中，不仅要掌握各类知识与技能，还需深度感受各种人类情感，唤醒自身主观意识，进而探寻人生的真实意义，明确人生方向，塑造出独属于自己的人生观念。我们将语文教育的这一作用称为语文教育的人文关怀。

语文教育目标作为基础教育体系的核心构成，对培养德智体美劳全面发展的社会主义建设者具有根本性导向作用。作为兼具人文性与工具性的基础学科，语文在个体的社会化过程中发挥着不可替代的枢纽作用。相较于其他学科，语文教育既要完成基础性认知能力培养任务，又需将审美教育、价值观塑造与人格完善作为终极任务追求。这种人文关怀特质既是学科本质属性的内在彰显，也是语文教育价值维度的最高标尺。

将人文关怀确立为语文教育的核心价值，既源于对学科本质的深刻认知，又基于对人类发展终极命题的系统思考。人类发展的本质诉求在于精神自由与人格独立，任何知识获取、技能训练及社会实践都应服务于这一终极目标。当个体从工具性存在升华为价值性主体时，人文教育的浸润便成为必经之路。在现行教育体制框架下，语文教育应主动承担起人文教育的历史使命，将人文关怀贯穿教学全过程，通过精神世界的建构与人格特质的塑造，为个体全面发展奠定坚实基础。

（一）语文教育的人文精神价值

人文精神并非游离于语文教育之外的抽象概念，而是内蕴于语文文本之中的生命之光。其显现具有不可预设性，因其仅向具备精神敏感性与认知洞察力的个体展现自己的独特魅力。这种精神特质之所以具有超越性的品格，源于其能突破一切束缚，沉浸于纯粹、至善与圆满的境界之内。

从文本阐释角度来看，语文教育的人文价值集中体现为文学与人生的共生关系。文学始终以精神启蒙者的姿态，既守护人类脆弱的道德良知，又拓展感性生命的审美维度，同时捍卫理性思维的纯粹性。所以，在开展语文教育时，务必要充分重视文学作品所承载的人文教育内涵，全力推动语文教育摆脱以工具性为主导的观念束缚，重归其真正的人文教育价值定位。

就动态的教学实施过程而言，语文教育的人文性通过三个维度得以彰显：民主化的师生关系构建、开放性的文本解读机制、生活化的写作训练模式。唯有以平等对话为教学前提，才能激活师生双主体的创造潜能，使语文教学焕发生命活力。这种教学动态过程既能实现对文本的多元阐释，释放文学作品中潜藏的精神能量，又能引发情感共鸣与思想启迪，最终达成人文精神培养的教育目标。

（二）语文教育目标的人文追求

语文教育已演变为人文精神传承的核心载体，人文关怀应确立为语文教育的终极价值目标。语文教育目标体系呈现有机统一性特征，有观点认为其由德育、智育、美育三维目标构成，并延伸出次级目标群组。人文关怀与三维目标体系存在何种内在关联，成为亟待解析的核心命题。

人文关怀作为语文教育的价值制高点，超越了技术操作层面，直指教育本体论根基。与语文教育目标体系的方法论属性形成本质差异：前者框定价值取向，后者决定实践路径。人文关怀无法通过技术手段孤立实现，需借助精神指引的方式融入目标体系，通过目标系统的内在协同达成价值引领。

秉持语文教育中的人文精神价值观，那么在语文教育的德育目标设定上，除了关注传统思想、道德以及个性心理等方面的发展外，还需重视人的主体性、人格的完整性以及精神生活的平衡状态。在拟定智育目标时，除了突出传统知识、技能与智力的培养外，也要留意智力因素与非智力因素间的协调发展，以及情感的浸润与生命的体验。在探究美育目标时，不仅要注重传统审美知识与审美能力的培育，还需尊重每个人的审美体验与感受，激发其审美想象与创造力，并鼓励他们对人生和人格展开审美层面的反思与塑造。换言之，人文关怀是贯穿所有语文教育工具与方法的核心精神，而人的精神成长则是达成各项操作性目标的终极指向。

语文教育中的人文关怀目标并非空洞的口号，它既承载着厚重的精神传承，又具备鲜明的时代价值。作为珍贵的文化遗产，它为人类文明的持续演进提供着滋养；作为正在兴起的社会理念，它发出了振聋发聩的时代呼唤。在 21 世纪社会变革浪潮汹涌的背景下，人文精神在这一时代也将呈现相应的形态转变。

英格尔斯阐述了现代人应当拥有的 12 个核心特质，总结下来主要集中在三个方面：第一，开放包容性，体现为接纳新事物、尊重多元观点、拥抱社会变革；第二，进取创新性，体现为注重当下与未来、强调效能感、追求实证研究；第三，责任担当性，表现为社会责任感、自我与他者的平等对待、信赖社会改造力。语文教育的人文性应着重培养 21 世纪创业者的人文素养。新时代人文精神的内涵包括以下八个方面：人格健全、创造力出众、具备主体意识、秉持求实求真态度、乐于参与竞争且善于开展合作、个性协调统一、心态乐观开放、热爱生活。这八个方面代表着全新的价值观念，也预示着未来人才培养的方向与标准。

基于此，语文教育人文价值应涵盖四大领域：

其一，要引导学生更透彻地认识生活，留意社会现象，进而深刻领悟人生意义。帮助他们树立乐观、开放、乐于参与竞争与合作的生活观念。

其二，致力于提升学生的文化素养，传承民族文化遗产，汲取现代文化精髓，为他们筑牢坚实的文化根基。

其三，熏陶学生的情感，启迪他们的洞察力，培养其批判性与创新性思维，帮助他们塑造完整且独立的个性。

其四，要培养学生的独立思考能力，确保他们在教学活动中居于主体地位，激发他们的学习热情、主动性与创新精神。

（三）人文意蕴的挖掘

在语文学科教学领域，人文价值目标能否切实实现，在较大程度上取决于语文教育实践所确立的方向是否正确。深入审视语文教育的具体开展过程可以发现，选取兼具文学价值与审美感受的教材内容，着重凸显语文教学的审美特质，同时在现实生活情境中积极调动学生的自我表达与语言组织的能力，均属于挖掘语文教育人文价值的有效途径。判断一项语文教育活动是否达成人文关怀目标，在很大程度上取决于其是否契合文采与美感并重的双重准则。选文的深度层次、涵盖广度以及表现力度，在很大程度上取决于其是否蕴含着丰富的思想文化内涵、广阔的文学观察视角以及深厚的人文情感意蕴。那些具备文采与美感的选文，作为人文精神最为理想的承载之所，对于培养学生的人文精神发挥着基础性且关键性的作用。

文质兼美应包含以下几层基本含义。

1. 文道兼美，一多并举

选文不仅要在思想主题与语言形式上实现有机融合，更要在思想深度、人文意蕴及审美层次上都能呈现出生动性、精准性与流畅性，并彰显独特个性。只有秉持这种选文观念，对语文教材的选文标准才真正具有指导意义。

确立文道兼美的选文准则，并非将文道关系囿于单一的伦理规范或正统文论框架，而是需要同时考虑多方面的因素，一多并举。从“道”的标准来审视，“一”代表选文应承载人类所崇尚的真、善、美等核心精神价值；“多”则要求选文需要展现人类思维与文化的丰富性、多元性及开放性。在阐释文本的思想文化内涵时，应持有宏观的文化视野与发展性视角。选文既要涵盖传统伦理教育要素，亦需反映人类共同的精神追求；既需包含以深刻哲理见长的鸿篇巨制，亦应纳入展现个体心灵世界的精致小品。从“文”的标准来看，“一”指选文语言须符合语法规范、表意精准，兼具代表性与示范性，且思想内容需源于生活、方向积极；“多”则强调语言艺术的多样性、独特性及风格化，同时凸显文化内涵的开放性、多维性与层次性。

2. 内外兼顾，和谐统一

教材选文作为语言训练与文化浸润的典范，需兼具内在精神价值与外在工具价值，即精神滋养价值与语言培育价值。唯有实现二者有机统一，方能满足文质兼优的全面诉求。选文的语言培育价值体现于对学生听说读写等基础语文能力的塑造，而精神滋养价值则聚焦于学生精神世界的构建与人格特质的完善，二者互为表里、相辅相成。从文本自身的系统性分析，语言要素与思想要素本就浑然一体、不可割裂——缺乏思想内核的语言表达沦为空洞的形式，脱离语言载体的思想则难以具象呈现。从学生语文学习的动态过程来看，语言能力的演进与思维发展、思想成熟、精神成长存在内在统一性，各要素相互渗透、协同演进，共同构成有机整体。脱离思想教育、精神陶冶的语言训练会使语文教育变得枯燥乏味、机械生硬，而脱离语言训练的思想教育同样会把语文教育变成迂阔的道德说教、理论灌输。因此，选文的这两种价值标准不可偏颇，应当兼顾。

3. 兼顾选文内外价值的和谐统一

除了独具慧眼外，还要具备科学的编辑加工能力。选文的编排、教材体例的选择、语文知识的穿插、课后作业的设计等环节，都应该体现选文内外教育价值的统一。其既要避免唯知识智能训练为中心，也要防止唯主题思想分析推理至上。教材的编辑加工向来不被重视，只被看作一种技术性工作。其实这是一种错误的看法。它是展现语文教育价值、实现语文教育目标的重要途径，它需要以正确的教育观、心理观为指导，以语文教育的内在规律、师生相互作用的互动模式作为依据，并要对语文知识掌握、能力发展与精神发展的内在统一关系有深刻的洞察与理解。它既需要有哲学的眼光，又需要有科学的程序，还需要有艺术的手法。从选文到编排，从封面到插图，从设计到印刷，所有步骤都关系到教材的质量和生命。因此，文质兼美不只是一种对文本的内在要求，还是一种指导具体编辑工作的根本原则。

4. 开放思维，审美观照

从特定视角审视，人文精神可诠释为人类对真、善、美的不懈探求与价值构建。真、善、美被视为人类精神追求的至高境界。此类追求不仅涵盖科学、伦理、美学等知识领域的深度探究，更涉及人类在探索过程中形成的科学思维、伦理意识与审美体验。其中，审美体验既具备独立的价值维度，又象征着科学精神与伦理观念的终极指向。自然界的审美属性是客观存在的，而科学探索本质上既包含知识建构，也蕴含审美体验。在伦理与审美的关联性中，审美亦被视为伦理进阶的追求目标。古人倡导“文以载道”“文以明道”的核心理念，其用意也在于此。唯有将抽象的伦理规范与价值观念内化于文学语言塑造的道德典范之中，个体方能切实感知道德实践的内在驱动力。审美不仅是联结知识与伦理的纽带，更是培育人文精神的核心路径。为使语文教育更具人文温度，需深度挖掘文本中蕴含的真、善、美精神要素，以此唤醒学生对知识真理、人性至善与生命之美的追求，并通过审美教育塑造其人文素养。

二、语文教育的个性发展

（一）语文教育个性发展的内涵

人的发展的核心是个性的和谐发展。在学生良好个性的塑造与成长阶段，语文教育发挥着举足轻重的作用。传统语文教育在部分层面存在明显短板，它没有充分意识到语文教育在个性发展进程中的关键地位，也忽视了语文教育在个性塑造方面能够产生的积极作用。

当下，个性教育已逐步成为全球教育创新领域备受关注的核心话题。以儿童为中心的教育理念认为，每个儿童都具备自身独特的特质、兴趣、能力以及学习需求，所以儿童间的差异被看作“正常情况”。因此，在学习过程中，我们务必依据这些前提来满足儿童的需求，而非让他们去迎合预先设定的有关学习进度与特性的假设。以儿童为中心的教育理念对全体学生都大有裨益，其教育成效也将对整个社会产生正面推动作用。

以儿童为中心的教育理念的确立，标志着国际社会在教育理念与政策导向层面已确立个性化发展路径。那将如何阐释个性成长机制？

1. 个性是整体性的，创造力与想象力等特质是个性健全发展的表现

全面考量一个人在体力、智力、情感以及道德等多方面的特质，促使其成长为一个完整的个体，这便是对教育核心目标较为宽泛的界定。所以，个性可看作道德、体力、智力、审美意识、感知能力以及精神价值观念等多方面的综合呈现，它如同一个“复合体”，表明一个完整的个体无法仅通过单独培养某一或某几个特质来实现。因此，若要激发人们的想象力与创造力，首先要培养“自由的人”。这意味着应当为青少年创造尽可能丰富的美学、艺术、体育、科学、文化以及社会等领域的探索与实践机会，而非仅仅局限于满足短视的功利性需求。

2. 个性具备自主性、具体性以及独特性

尽管每个人的个性成长都离不开与他人的互动，但他们首先都具备一种内在的自主性。每个人都拥有独属于自己的成长轨迹，正因如此，每个人都是具体可感、独一无二且鲜活生动的存在。

每个人都拥有属于自己的过往经历，这段历史与其他人的经历截然不同，无法相互混淆。每个人都有独特的性格，随着年龄不断增长，这种性格逐渐被一个由诸多元素构成的复杂体系所塑造。这个综合体是由生物学、生理学、地理学、社会学、经济学、文化学以及职业学等多方面因素共同作用形成的。

3. 个性发展内在包含社会化过程

每个人的成长都会推动整个社会的进步。把个人成长与社会进步、个体进步与社会整体进步看作相互孤立、对立或者并列的关系，这种观点是基于二元论的思考模式，无法精准把握个性成长的真正内涵。

4. 个性发展呈现持续完善特征

相较于其他生物，人类的一个突出特征在于“未完成性”，这表明人类的存在是一场持续完善与学习的过程。终身学习不仅是社会对个体的期望，更契合了个体发展的深层需求。从这一视角来看，推动学生个性化成长已成为全球教育和课程革新的主要趋势。从根本上说，每个人的个性都是完整且独立、具体而特殊的。因此，在培养个性时，我们应当注重其完整性与独立性。个性的成长本质上包含社交属性，所以，个性的发展是在日常生活与持续的社交互动中逐步达成的。个性的成长是一场永无止境的完善历程，正因如此，终身学习应被视作每个人内心深处的需求。20 世纪八九十年代，我国现代教育革新开始将个性培养纳入教育的核心议题与任务之中。将人的个性发展确立为教育的核心目标，是因为唯有当教育真正推动了个性的全面成长时，才能为社会未来发展筑牢根基。个性教育是一种真实、具体且独特的人的培养方式，它致力于让一个生物学意义上的个体不仅具备社会性与文化性，还能实现自身独特性并获得自我认同感。因此，鉴于语文教育所具备的人文学科独特优势，它理应被视作个性教育的核心，并发挥关键的支撑作用。

（二）语文个性教育的作用

1. 语文个性教育的价值追求

语文个性教育的核心价值追求直接映射着语文教育功能观的本质认知。语文教育不仅具备多元功能属性，且这些功能呈现显著的多维复合特征。

功利本位与人文本位是当下最能概括各类对立观点的一组范畴。功利主义观点主张把语文教育的实用性放在首要位置，将学生在汉语听、说、读、写各方面的能力与水平看作语文教育的核心目标，同时强调语文教育作为工具的价值。在此背景下，他们通常不会排斥语文教育所蕴含的人文意义，而且十分重视语文教育在教育中的引领作用。从人文本位论视角出发，语文教育的核心价值在于其教化功能，其最大意义在于推广与弘扬人类及民族的优秀文化遗产和人文精神，同时也致力于培养学生健全的人格特质。在此背景下，他们通常不会反对语文教育作为工具的追求及其价值，甚至认为，要传承人类精神，掌握语言文字工具是关键所在。

由于语文教育的独特性，其功能并非单一，而是具有多种功能。复合功能指的是将语文教育中的多种功能有序整合为一个整体的功能。语文教育的综合功能由两个主要部分构成，即工具性元素与人文性元素，二者共同形成了一个具有复合功能的球形结构。

在这两种元素的组合中，并不存在明确的先后顺序问题。

工具性元素主要包含听、说、读、写技能，知识的运用方法以及思维方式。人文性元素主要涵盖情感、审美观念、道德伦理以及历史文化背景。工具性元素与人文性元素能够成功融合，主要得益于中介元素的作用，其中中介元素包括汉字和汉语，它们共同构成了语文教育的实施过程。借助汉字和汉语的教学方法，能够实现两大元素的内在关联与融合，确保二者之间形成有机的连接与整合。汉语教育的综合功能构成了一个有机、开放的组合体系，在信息交流过程中该体系不断进行自我筛选与应对，从而导致体系也会相应地发生变化。语文教育所具备的综合功能塑造了我国独特的民族文化特质，并在全面、综合的素质教育方面发挥了重要作用。语文教育中的复合功能理念在塑造语文个性教育的价值观方面发挥了关键作用。语文个性教育的核心目标是通过有效的语文教育手段，促进学生个性的和谐与健康发展。该观点突破了传统单一功能观的局限，将语文教育置于更广泛的历史文化互动背景中，强调了语文的功利性价值与人文性价值之间相互依存、相互补充的内在联系，从而为人的个性发展提供了一条更为实际、明确、广泛的途径。

语文教育中的多功能整合理念成功平衡了语文教育的工具性价值与人文性价值、内在价值与外在价值，将个性化教育与社会需求紧密结合，这对于培养符合社会需求的优秀个性品质具有积极的促进作用。因此，具有多种功能的语文教育观念成为语文个性化教育的核心理论支撑，并在现代社会中具有深远意义。进入 21 世纪，语文个性化教育的核心价值体现在对学生的素质要求上，尤其强调个人自由成长与人格的健全发展。这一观点在全球范围内具有深远意义。教育，特别是以人文精神为核心的语文教学，有助于塑造现代的人格特质，这也是推动社会与个体和谐发展的关键基石。

2. 语文个性教育在个体人格的塑造方面应发挥积极的作用

通过深度发掘并彰显自身的人文内涵、文化根基及思想深度，可为个体心灵成长与人格完善提供优质滋养环境。在人格塑造过程中，语文个性教育应秉持三大核心价值取向。

其一，重塑人格根基，从单纯聚焦知识与技能传授，转变为更注重个性的全面成长，并着重于精神世界的雕琢。为了重塑语文教育中的人格基石，必须直面挑战，积极扭转不良的教育倾向与风气，将语文教育的重心重新放回个性人格的塑造与培育上。为切实彰显语文教育的核心价值，推动个体和谐成长与人格健全发展，需从两方面着手转变。从理论层面而言，要改变对语文教育核心价值的传统认知，树立稳固的多功能综合价值观，深入探究语文本体的固有特质如何决定语文教育多功能复合价值观的核心地位。在实践操作中，要妥善协调语文知识与技能的掌握与文学熏陶、心灵启迪、审美体验等潜在要素的关系，确保二者紧密相连、相互支撑并实现转化。一方面，将语文知识与技能融入个体的精神活动、人格认知及行为模式中，可为其增添额外价值；另一方面，要在扎实的语文知识与技能基础上构建个体的精神世界，为其个性发展筑牢坚实的语文根基与文化底蕴。

其二，重塑人格形成机制，从单纯聚焦教学目标，转变为更关注教育目标，并将人文关怀融入教学实践。当前的语文教育过度关注教学目标的细化、实用性、确定性与完整性等行为准则，相对忽视了情感性、体验性、审美性与情境性等潜在教学目标。众所周知，语文教育旨在促进个体的全方位和谐成长，尤其在人格与精神层面的全面发展，这既是语文教育的根基，也是其终极目标，对实际教学过程具有决定性意义与规范价值。语文教学旨在更好地指导实践操作，因此从教育目标中区分出来，这对强化语文教学的程序性与规范性具有实际指导意义。然而，这并不意味着在教学过程中，仅按既定步骤达成各类教学目标就能满足教育预期。从教学系统论角度看，教育目标的深层内涵应超越具体教学目标。所以，要实现个体个性的自由与全面发展，以及精神世界的积极构建，不仅需以达成教学目标为基础与媒介，还需在更高层面进行积极转变、舍弃与提升，使个体获得独特的个性特征与人格意义。为确保语文教学目标所规定的知识、技能、思维与文化等学习内容能真正融入学生个性，需要通过同化学生的自我意识、整合其行为、内化其行为模式并转化为外在表现。为实现这一教学过程，一方面要以达成各类具体语文教学目标为前提，另一方面也需依托特定的教育环境，借助个体的自我教育、自我成长与自我提升来实现。教育环境不仅指课堂学习，更为关键的是心理氛围、情境引导、教师的人格魅力以及教学活动的潜在影响等隐性因素。因此，为重塑语文教育中的人格培养机制，必须从根本上解决问题，同时在内在与外在两方面进行全面修炼，营造有利于个性和谐发展的优质教育环境。

其三，重塑人格境界，从“功利主义的生活”转向“审美导向的生活”。应试教育过度强调功利主义价值观，而忽视了语文教育的审美价值，致使文学教育被挤出语文课堂。若想在语文教育中塑造更高的人格层次，加强审美教育必不可少。唯有通过审美教育，才能为个体的精神世界提供超越功利的自由发展空间，让他们认识到人生是一件珍贵的艺术品，从而激发他们对美的热爱、向往以及创造美的美好情感。所以，只有当语文教育融入审美教育体系时，它才能真正展现汉语与文学作品的审美魅力，引领学生的心灵迈向纯洁、崇高与理想的境界。

（三）语文个性教育的实践走向

确立语文个性教育的价值导向为其实践路径提供了清晰指引。在语文教育教学实践中，需要始终贯彻个性成长与人格完善的核心理念。从教育本质来看，个性教育本质上属于创新教育范畴。个性的独特性是其存在基础，因此个性教育需以个体差异为出发点，通过精准施策最大化激发学生的学习动力、自主意识及创造潜能。这种教育模式能够使个体获得成就体验，强化主体意识，进而形成持续的学习热情与创新精神，最终培养出具备鲜明个性、富有活力、积极向上且勇于创新的社会主体。只有充分认识个体差异与外部世界的多元性，才能有效激活创新潜能。因此，个性化教育本质上属于创新教育，而创新教育正是推动个性发展的核心引擎。语文教育的多维度功能与复合价值体系，进一步拓展了语文创新教育的内涵边界。一方面，作为工具性学科，语文教育对培养学生的语言运用能力与个性化表达风格具有显著作用；另一方面，作为人文性学科，在塑造学生个性特质、审美素养及道德品格方面发挥着不可替代的作用。因此，语文个性教育的创造性实践，关键在于培养学生敏锐的语言感知力、独特的表达方式、创新的思维模式，以及积极进取的创造性人格特质。

（四）创造性思维的培养

语文能力的核心支撑在于思维能力，而思维能力的至高层次体现为创造性思维。创造性思维被定义为一种兼具开拓精神与高阶智慧的思维模式。它既具备常规思维的基本特征，又彰显出显著的独创性、突破常规性和前沿新颖性。

在基础教育体系中占据核心地位的语文学科，对学生创新思维与创造力的培育发挥着不可替代的关键作用。这一特质不仅是驱动语文教育革新的核心动力，更是落实语文素质教育目标、实现语文教育个性化发展的核心支撑。为有效培养学生的创新思维，可重点采用以下实施策略。

1. 立足个性差异，培养求异思维

鉴于学生群体在遗传基因、教育背景及生活经历等方面存在差异，加之其心理发展水平参差不齐，这些因素共同导致学生思维能力呈现显著差异。因此，培养创新型人才需正视学生个体差异及外部事物的多元性。传统语文教学模式往往忽视学生个性特征，采用单一化方式对待不同特质的学生，此举不仅抑制了学生的主观能动性，更扼杀了其创新精神。故而在深化语文个性化教学过程中，需要着力激发学生的创造性思维，推动学生个性全面发展，激发其创造力潜能。

2. 深挖教材内蕴，积极诱导启发

作为学习活动主体，学生对同一文本的认知体验存在差异。教学实践中应摒弃过度追求标准化的倾向，鼓励学生从多维度、立体化视角全面审视文本的主题、结构、语言等要素，激发其情感共鸣、想象力及独立见解。教师需通过多维视角解读教材，拓宽学生知识视野，引导其形成个性化思维模式；还应鼓励学生开展深度思考与探索，在潜移默化中提升其审美能力与创新精神。

3. 激发求知兴趣，鼓励创新精神

创造性思维能力的培养根基在于认知兴趣的激发。语文教学应遵循启发性原则，通过设问、质疑激发学生的学习热情，激发其思维活力，培养学生对新知识的探索欲望。设问是创新的起点，质疑是探索的动力。在语文教学中，无论是基础知识传授、阅读训练还是写作指导，均可通过科学设问激发学生的学习热情与创造性思维。

4. 丰富想象能力，捕捉直觉灵感

直觉思维是人类大脑对事物本质及规律的快速识别、敏锐观察、直接理解与综合判断的活动过程，是创造性思维的核心要素。因此，培养直觉思维能力是培养创造性思维能力的必要条件。

第一，应通过阅读训练培养学生的想象力。第二，应重视朗读技巧与语感培养。语文教学强调主体心理体验与直观感知，这种直观性恰恰体现直觉思维的强大作用。通过强化朗读与语感训练，可借助阅读经验与直觉感知实现语言理解，这是培养语言直觉的重要途径。第三，需创设情境激发创新灵感。特定情境的构建是激发创新灵感的有效方法，生活展示、实物演示、表演体验、音乐暗示等均可作为灵感激发方法。语文教学应重视并有效运用这些方法。

（五）创造性人格的养成

语文创新教育的核心目标不仅在于提升学生的语文创新能力，更在于培养学生的自由精神与创造性人格特质。相较于将创造性单纯视为一种能力，其本质更接近于一种精神特质与人格倾向的融合。自由精神作为个体创造力的内核，在教育管理者、教师及学生三个层面均有所体现。创新教育既要求学生具备知识、技能与思维的全方位准备，也要求教育管理者与教师秉持开放思维、民主管理理念及勇于探索的精神，使创造性成为教育过程的自觉价值追求。为培养学生的创新能力，教师须立足学术前沿，精准把握社会进步方向与学生成长需求，动态调整教学策略与方案设计，以激发其创新精神。为使学生切实体会问题挑战，教师需要构建特定问题情境，激发其突破困境的内在驱动力、坚韧意志与深厚人格信念，实现创新教育与人格发展的有机统一。

在语文个性化教育实践过程中，教师应依托语言载体，深度挖掘其中蕴含的人文精神与价值意蕴，引导学生追求真善美，强化其主体意识，鼓励其展现自由创造精神。如此，创造性教育与个性人格发展可实现深度融合，为创新教育提供持续动力支撑。

第三节　语文教学方法的基本理论

一、语文教学方法的基本原理

关于语文教学方法，首先要了解语文教学方法的内涵、特征和分类，明确优化语文教学方法的标准和要求。

（一）语文教学方法的内涵

方法是一个多视角的复合体。从哲学视角来看，其作为人类认识与改造世界的工具体系存在，即“方法论”范畴；从心理学视角来看，其体现为人类自主调控的行为过程。

方法本质上就是针对特定对象运动规律所设定的规范与活动模式，它在特定范围内对人们的行为方式起着约束作用。

语文的教学方法包含着多层次的内涵与意义。从宏观、宽泛且整体的层面来说，它涵盖了为实现语文教学目标而采用的教材编排设计、教学环节流程、教学规范准则、教学实施形式、教学辅助设备以及教学具体手段等各个方面。人们日常所说的“改进语文教学方法”，实际上更多指的是“语文教学方法论”。从微观、狭义且局部的角度而言，它指的是师生为实现语文教学目标而展开的相互关联的活动形式，也就是一种独立的、具体的语文教学方法，是教学方法与学习方法的有机融合。当我们探讨语文教学方法时，所指的是相对狭义层面的方法，这种方法是为达成教学目标而采用的，既包括教师的授课方式，也涵盖学生的学习方式。

（二）语文教学方法的特征

语文教学方法并非独立运作，而是受诸多教学因素共同影响与制约；在语文课堂实践中，所采取的方法并非一成不变，而是展现出丰富的多样性与灵活性；语文教学方法并非凭空产生、僵化守旧，而是处于持续演进与创新的过程之中。为有效选择、合理运用及创新语文教学方法，首要任务就是准确把握其本质特征与综合功能。换言之，在语文教学活动中，无论是选择应用还是创新教学方法，均需深入剖析其在教学体系中的定位与价值。这一方法与各类教学要素、教学过程以及其他教学方法之间存在着密切的关联、交互与影响，因此需对教学方法的架构进行系统规划，从而切实提高语文教学的实际效果。

语文教学方法的核心特点可概括为以下三个方面。

1. 语文教学方法具有依存性和变通性

依存性表明语文教学方法受多种语文教学因素的制约。首先要明确的是，教学理念是教学方法的内在指引，教学方法是教学理念的外在呈现。当教师设计教学方案时，无论是否自觉，都会在无形中受到某种教学理念的影响，完全脱离教学理念的教学方法是不存在的。秉持“以学生为主体，以教师为主导”理念的教师，十分重视“引导阅读”环节，并积极设计各种能激发学生主动性的教学策略，如讲解、阅读、研讨、实践与观察。因此，从某种意义上说，语文教学方法的革新，本质上是教学思维的革新。此外，教学目标直接决定教学方法的选择，而教学方法则是为达成教学目标服务的。若教学的主要目标是传授知识，则讲授法是主要选择；若要在传授知识的同时培养学生的实践能力，则必须注重实践与理论的结合。同时，语文教学方法还受语文学科特性、教学内容以及学生年龄和心理特征等多重因素的制约。因此，我们必须认识到语文教学方法具有显著的依附性，不能主观臆断地设计和应用。

然而，在此背景下，语文教学方法也展现出显著的多样性。尽管具有依附性，但这并不妨碍其灵活调整。对于不同情境，教师可以采用相似的方法；对于相同情境，我们也可以采取不同方法。例如，在各类文体教学中，教师均可采用讲解与练习相结合的方法。在知识传授过程中，既可以采用讲授法，也可以结合讲读议等多种方法进行综合运用。即便是简单的讲授，也存在启发式与注入式方法的优劣之分。这种灵活调整的特性被称为“弹性”。由于语文教学方法具有“弹性”特质，即“教无定法”，因此教师在设计和应用这些方法时，需保持灵活态度，不受传统束缚，学会随机应变，并善于根据实际情况灵活调整。

2. 语文教学方法具有多样性和综合性

语文学科有其综合性特质、教学内容的丰富多样性、师生在语文课堂互动形式的多元化，以及语文教学方法本身的灵活性，这些因素共同铸就了语文教学方法的多元性特征。例如，语文学科内涵广博，故教学方法亦丰富多彩。在识字、解词、析句及篇章学习层面，可运用多样化教学方法；在语法、修辞、逻辑及文学知识掌握方面，亦可采用多种学习技巧。无论是听力、口语、阅读还是写作训练，每种技能均有其专属培养路径。在记叙、说明、议论及应用文等文体学习中，每种文体皆有其独特叙述方式、阅读策略及写作技巧。多元化教学方法的交织运用，势必使语文教学方法呈现出融合性特点。实践表明，每种教学方法均具备独特优势，亦存在相应局限。正所谓“各有长短”，即便教学方法再优越，亦非“万能良方”，能解决所有问题，各类教学方法均拥有其独特适用场景。因此，在语文教学中，不可仅依赖单一方法。例如，在新授课程中，仅口头讲解远远不够，需要补充阅读及可能的讨论与练习环节。即便进行讲解，亦不可仅依赖讲述法，还需灵活运用讲解法、评析法，乃至串讲法、评点法等多种方法。因此，在语文教学中，常见一种主要教学方法与其他方法的结合运用，以及多种教学方法的交叉实施，此乃由语文教学方法的综合性特点所决定。

3. 语文教学方法具有继承性和创造性

启发式教学方法理念，历经岁月洗礼，至今仍焕发强大生命力。吟诵、口诵心惟、熟读精思、旁推交通等传统教学方法，对我国语文教育产生深远影响。显然，语文教学方法并非凭空产生，亦非人类固有思维，而是在历史土壤中孕育而生的。显然，语文教学方法具有深厚历史传承性。

然而，沿袭传统并非自我封闭。世间万物皆在持续进化，一旦停滞，便失去生命力，语文教学方法亦如此，需要在传承中创新。以阅读教学方法为例，从古至今，阅读教学方法的发展轨迹历经“串讲法、诵读法、评点法、讲读法、分析法、谈话法、精讲多练法、读书先导法”等阶段，不断推陈出新。

这种“创新”包含三个层面：一是创新组合方式，即通过科学组织现有单一教学方法，创造全新教学方法；二是引入新教学方法，即借鉴国外先进教学方法，结合本土教学现状，实现教学方法的本土化推广；三是创新性教学方法，即总结自身及他人丰富教学经验，遵循教育教学原则，结合实际情况，独特设计全新教学方法。

简而言之，上述语文教学方法的三大特征，揭示了不同语文教学方法之间的三种辩证关系。妥善处理这三组既对立又统一的矛盾，便能全面把握语文教学方法的核心要义。

（三）语文教学方法的分类

语文教学方法到底有哪几种？这就牵扯到一个教学方法分类的问题。而这个问题，长期以来，言人人殊，见仁见智。

达尼洛夫和叶希波夫将教学方法划分为三个主要类别：教师在教学过程中所采用的各种方法和策略，如讲解、演示等；学生在学习过程中所采用的方法和技巧，如阅读、练习等；教师和学生之间的互动方式，如讨论、合作等。

部分学者将教学方法划分为三个紧密关联的层级：第一层级包含以语言与文字为媒介、以知识传授为核心要素的五种基础方法，即讲授法、谈话法、读书指导法、练习法及检查法。第二层级则借助实物作为教学载体，在传授知识之余，着重培养实践操作技能，涵盖演示、实验、观察、实习作业及课堂研讨等方法。第三层级的教学方法则是一种创新性的综合运用模式。

教学方法的分类是多视角、多层次的。

对语文教学方法的分类，既要借鉴普通教学方法分类法的原理，又要依据语文学科教学自身的特点，还要顾及语文教学方法的历史和现状，集中起来，就是要确立一个能够反映语文学科特点、便于区分的划分标准。这个标准，可以由以下几个方面组成：第一，从教学论来看，语文教学方法作为一种教学手段，它主要采用活动的形式；第二，从信息论来看，作为一种传递信息的通道（信道），它主要凭借的是传递媒介（传媒）；第三，从生理学来看，作为一种外部刺激，它主要作用于生理感官；第四，从心理学来看，作为一种心理调节方式，它主要调节心理机能。根据这种划分标准，语文教学方法可以分为四类。

第一类，运用语言的方法，这包括但不限于讲述法、讲解法、评析法、串讲法、评点法、谈话法、问答法、商议法、讨论法、默读法、朗读法、背诵法、吟诵法和复述法等。该分类方法主要是通过讲、议、读的形式，利用语言符号这一媒介，激活人们的语言器官，从而主要促进学生的记忆和理解能力。

第二类，直观感知的方法，包括观察法、观摩法、参观法、演示法等。它主要采用看和听的活动形式，凭借模型、实物和图像等媒介，刺激人的感觉器官，主要强化学生的感知。

第三类，实际操作的方法，包括提纲法、抄摘法、作业法、作文法等。它主要采用动手做的活动形式，凭借人的肢躯等传媒，刺激人的效应（运动）器官，主要训练学生对知识的应用技能。

第四类，综合交错的方法，例如通过板书和图解、结合讲解和练习以及结合阅读和写作等方法。该分类方法运用了多样的活动模式（可能是两种或更多），通过各种传媒手段，激活各种生理感觉，从多个角度调整学生的心理状态，从而实现了多方面的语文教学效果。

二、语文教学方法的基本形式

标准的语文教学方法系统主要包括讲授、诵读、议论、练习、观察这五大部分，涵盖了数十种具体的教学方法。

（一）讲授法

讲，是语文教学最基本的方法，既是传统的，又是现代的。

启发式教学是一种教学术语，强调以启发引导替代教师单向讲授、学生被动接受的模式。但需明确，这绝不意味着否定教师讲授的必要性，不能简单将教师讲授或讲授量稍多等同于“满堂灌”。教师应当讲授，且须具备精湛的讲授技巧，善于讲授，力求讲得精彩，讲授并非灌输。苏霍姆林斯基亦曾明确强调，教师的言语是一种什么也代替不了的影响学生心灵的工具。由此可见，讲授法在语文教学中占据着关键且首要的位置。因此，在语文教学实践中，讲授教学方法的选择与应用无疑具有举足轻重且优先的地位。

语文教学的讲授方法是一个大的门类，涵盖了以下主要的教学方法。

1. 讲述法

讲述法的核心在于“阐述”。为传授语文知识，教师采用叙述与说明的教学方式。此方法主要面向班级学生，充分发挥教师的引导作用，在限定时间内集中讲授大量书本知识，确保知识传递的系统性、完整性与深刻性。该方法常用于介绍作者背景、时代背景，解析课文主题，描绘情境氛围，阐释核心观点及总结写作特色等。

讲述法贯穿整个教学过程，适用于各类文体教学，是众多教学方法中使用频率最高的一种。使用此方法，教师要深入研读教材，把握其精髓，将最能体现内在规律的知识传授给学生，达成“少而精”的教学目标；着重突出核心内容，攻克教学难点，围绕教学目标，系统传授关键知识，避免偏离主题或引发无关问题；为吸引学生并感染他们，应采用简洁明了的语言、生动形象的叙述，并尽可能利用语言的直观性、面部表情、手势等肢体语言；需激发并引导学生，实现师生互动，充分调动学生的感知、思维等多方面心理功能，将教师的讲解与学生的叙述有机结合。

2. 讲解法

讲解法的核心在于“理解”。为传授语文知识，教师采用解说与阐释的教学方式。此方法旨在消除疑惑，直至问题得到彻底解决。它主要用于字词释义，复杂句子解析，概念、历史及典故阐释，以及对名物、典章制度的说明等。运用讲解法时，须确保信息准确无误，有充分依据；表述应清晰明确，解释应公正客观，避免含糊其词；课程设计应目标明确，清楚界定哪些内容需要阐释，哪些内容无须赘述。授课前，教师应做好充分准备，有针对性地解答学生疑惑，满足其学习需求。

无论是讲述法还是讲解法，均属于讲授法的范畴。在实际教学过程中，两者需相互配合、相互促进。

3. 评析法

为传授语文知识，教师运用评估与分析的教学方法。此方法主要用于深度剖析课文主旨、评论写作技巧及作业评讲。教师借助理论思维，对语文教学内容展开评估、逻辑分析、整合、总结与推导，助力学生深化理解，提升认知层次，实现从教材初步感知到知识深度领悟的跨越。运用评析法时，需确保内容精准、目标明确、直击核心，且表述简洁明了，同时观点需真实可信、情感充沛，并蕴含深刻内容。

4. 串讲法

串讲法是一种古文教法，适用于某些深奥内容的教学。它遵循文章结构顺序，对段落、语句乃至字词进行深入解读，并与文意紧密结合。串，即串联句子以明晰意义；讲，即解释词语。串讲通常遵循阅读、讲解、串讲三步流程：先读一段（句），再释一段（句），再进行串讲，以更好地传达文意。此法特别适用于教学内容复杂、文字表述困难的课文，尤其在文言文教学中优势显著。运用串讲法时，并非逐字逐句详解，而是应突出重点与难点。“重点”指文章中思想内容或写作技巧的核心或独特之处。难点可能包括缺乏注释、难以领会、存在歧义或多重解读的字词句，这些与社会历史背景及名物制度相关，描述可能含蓄深奥。

5. 评点法

评点法同样是古文教学中的一种方法。“评”指评价某物或某事，“点”指圈状标记。评点的核心在于对文章写作技巧与核心思想进行深入剖析，强调其独特性，如字词精练、修辞巧妙、构思独特等，有时还会对关键字词或核心词语进行额外阐释。

古人读书评论时重视圈点，并为每个点设定特定标记；现代人阅读评论时，则主要关注评价内容。评点时，通常对每句话进行点评，并对每段内容进行总结。运用评点法时，需确保话语简洁清晰、准确无误；重视书写技巧，同时涵盖内容；紧扣问题核心，提出疑问与质疑。

（二）诵读法

读，也是语文教学的基本方法。此法创设历史久远，古称“讽诵”，最早见于《周礼》。郑玄注释：“倍文曰讽，以声节之曰诵。”讽，“背文”，即背诵；诵，“以声节之”，就是朗诵。时至朱熹，倍加强调：“大凡读书，须是熟读。熟读了，自精熟；精熟后，理自见得。”

诵读法的精髓，在于反复诵读以帮助理解文字、体悟情感、把握内容，并在此过程中培养语言敏锐度，积累语言资源，锤炼阅读技艺，进而提升语言感知与记忆能力，以提高语文素养。朗读教学，包含朗读、背诵、吟诵等具体方式。

朗读就是将书面上的文字内容转变为清晰响亮的口头语言表达。这种阅读形式需要眼睛、嘴巴、耳朵以及大脑等多个生理器官相互配合、协同运作。这种方式不仅能增强学生的语感，还能锻炼他们的发音，再现课文中的场景画面，加深对课文内容的理解，同时有助于培养学生的记忆力、对语言的敏锐感知力以及口头表达能力。朗读的标准包含以下几点：第一点，要保证语音准确无误，句子完整连贯，句读划分清晰，停顿恰到好处，避免出现拖腔拉调、似唱非唱或者冗长拖沓的朗读情况。第二点，朗读要十分流畅，能够顺畅地读出文本内容，并且能精准把握语调与语气，展现出声音的起伏变化、节奏的快慢缓急。第三点是要精准传递情感，也就是要有感情地朗读，熟练运用各种语音、语调以及表情神态，来展现文章独特的风格特质与精神内核。

叶圣陶先生曾对语文教学提出批评，他认为应从根本上改变学生不认真阅读的现状，并采用多种方法进行朗读教学。第一，要强化教师示范朗读（或播放优质录音），为学生提供学习模板，帮助学生深入理解课文情感与深意，提升教学效果。第二，应轮流采用散读、个读、引读、跟读、伴读、轮读、对读、指名读、分角色读及表演性读等多种阅读方式，并定期为学生提供专业指导。通过规范指导与严格训练，可培养学生敢于、乐于大声且充满情感地朗读的习惯与风气，促进其阅读能力的提升。

背诵法指的是借助记忆的方式去念出那些已经阅读过的文章以及词句，它是在对这些内容充分理解的前提下开展反复阅读而逐步形成的。学生借助背诵法，能够积累丰富的语言素材，通过模仿知名的经典文学作品来进行表达，进而提升自身的语文素养。在语文教学中，背诵被视作一种“记忆力体操”，经过长时间恰当合理的训练，能够强化并提升学生的记忆能力。不过，绝不能把机械刻板的死记硬背和科学的背诵方法混为一谈、视为等同。

吟诵法是一种历史悠久的朗读技艺。其采用类似唱歌的音调朗读作品，通过声音传达情感，根据声音寻找意义，从而深入体验作品的思想深度与情感氛围。吟诵法有两种方式：一为按特定旋律进行，亦称吟唱、吟咏、吟哦或吟讽，尤适合律诗、绝句、词、赋等情感丰富的古代文学创作；另一为曲调感较弱，需大量诵读成分，听来易记且流畅，亦称吟读、朗吟或讽诵，尤适合阅读长篇歌行体诗及古代散文中具有强烈叙事性的作品。应用吟诵法时，不仅需深入理解作品意境，确保吟唱音调与作品内涵相协调，还需掌握一些基本吟诵技能。

（三）议论法

议是语文教学的关键方法之一，议是通过教师与学生的互动交流，如问答或深入探讨，达成语文教学目标。

议论法主要采用问、答、议、论的形式，为学生提供更多提问和表达观点的机会。此方法不仅能激发学生的学习兴趣，还能发挥其主观能动性，促进主动思考，培养敏捷思维和快速应答能力，同时提升口头表达技巧。议论法主要包括谈话、讨论等具体方法。

谈话法亦称“提问法”。教师提出问题，激发学生主动思考，并帮助其找到正确答案。这种教师提问、学生回答的对话方式，与日常对话相似，故称谈话法。谈话法的核心在于启发学生分析和解决问题。

有效运用谈话法，关键在于教师如何精心设计问题并组织问答环节。第一，需考虑谈话的整体设计。提问与回答需全面思考、整体规划，避免碎片化教学，确保教学的系统性和有序性。第二，谈话设计应具有启发性。问题设计应拓宽学生的思维视野，激发主动思考。教学既要浅显易懂、保持思维强度，又要鼓励学生积极参与、取得佳绩。要通过努力，实现教学目标，兼顾班级整体需求，确保每个学生都有机会和能力回答问题，激发其学习兴趣。第三，谈话设计应具有艺术性。教师应善于提问、激发兴趣、巧妙引导，保持友善亲切的教学态度，持续鼓励，营造和谐生动的对话环境。谈话法的独特之处在于鼓励学生提问与解惑，激发学习主动性。教师需深入理解教材内容，掌握教学核心，精心规划教学过程，熟练掌控课堂，确保教学生动有序、得心应手。

讨论法亦称课堂讨论法或问题讨论法。在教师的精心组织和指导下，通过集体（小组或全班）的方式，围绕特定教学重点或主题进行讨论和辩论，旨在获得知识、开发智力。

讨论法形式多样。从组织形式看，其包括同桌对话、小组活动、全班讨论等。从讨论主题看，其有难以解答的疑问，适用于文字复杂、内涵丰富的作品；有心得分享，适用于课堂内外读写心得交流；有专题评述，主要用于文学作品评价和同学作文评析，包括集体作文讲评和问题辩论等活动。

（四）练习法

练习是语文教学中的重要方法，具体是指教师引领学生开展多次练习活动，把所学知识转化为实际能力的教学方法。练习法的主要目标是促使学生将知识运用到听、说、读、写的实际行为中，以此促进知识的迁移，培养他们必备的语文技能与提升熟练程度。

练习法的方式有很多。它既有课堂练习，又有课外作业；既有单项训练，又有综合训练；既有书面作业，又有口头练习。练习法主要有复述、提纲、抄摘、作业等。

1. 复述法

复述法是指根据课文内容，凭借自身理解与记忆，运用个人独特语言对课文进行描述的练习方法。此方法有助于学生更深入地熟悉与理解课文，同时锻炼并培养其理解力、记忆力、总结力、想象力及口头表达能力。复述法形式多样，简述，即以简练语言概括主要内容，常用于预习检查或长文重述，以培养学生概括能力；详述，针对课文核心内容与关键词语展开，多适用于低年级或短文教学；摘述，可选取课文核心或精彩段落进行详略得当的复述；创述，以原文为蓝本，展开合理想象，进行创造性描述。

运用复述法时，应引导学生正确运用课文语言与自身语言，准确且有选择性地描述课文内容。复述前需明确指导，确保学生充分准备；复述中需激励学生，展现其能力；复述后需总结评价。

2. 提纲法

提纲法是指运用精练简洁语言概括课文内容，并揭示其内在联系的练习方法。此方法有助于学生深入理解课文，同时接受语言及逻辑思维能力的训练。提纲法形式丰富，内容上包括段落结构提纲、情节线索提纲、人物描写（或评价）提纲、景物（环境）描写提纲、论点论据提纲、说明顺序提纲等；结构上涵盖条文式提纲、表解式提纲、表格式提纲、图示式提纲、词句辑录式提纲及综合式提纲等；内容范围上包括全文大纲、段落大纲和片段大纲等；功能上包括预习提纲、分析提纲、板书提纲和练习提纲等；内容详略上包括详纲与简纲。提纲制定流程如下：首先划分课文段落层次，其次以精练词语概括各段内容，最后按特定逻辑顺序组合排列。提纲可师生共制或学生自拟；可课堂讲练结合教读，也可课内外自读；亦可作为课外预习与复习的任务布置。

3. 抄摘法

此法亦称摘记或摘抄，是一种有选择性地精简抄录的练习方法。抄摘本质上即对文本进行抄写。抄读则是边抄边读的过程。前辈学者在学术研究中极为重视抄写，认为抄写不仅能积累资料，更能提升注意力与记忆力。摘抄形式多样，内容范围涵盖全文（多为短篇）抄写、片段摘要、句子摘录及词语抄写等；内容上包括优美诗文摘录、细腻描写摘要、著名格言摘录及关键词语抄写；形式上则有课堂笔记、课后作业及课外阅读笔记等。教师指导学生运用抄摘法时，一是要培养学生随手摘抄与规范书写的习惯；二是学生要边阅读边抄写，边抄边思考；三是组织班级集体摘抄活动，如设立黑板“名言角”和“每日一句”专栏，举办班级摘抄比赛等；四是鼓励学生策划并开展各类课外摘录活动，如制作名言警句书签或内容丰富、图文并茂的文集等。

4. 作业法

这是一种特定的教学方法，教师为强化、深化并提升教学效果，向学生布置学习任务，并要求其在规定时间内完成。作业通常在新课结束后集中布置，既可在课堂内完成，也可在课外进行，并与其他教学方法相互配合。作业形式丰富多样，从表达方式上可分为口头与书面两种；从教学方法角度可分为朗读、背诵、复述、听写、抄写、组词、造句、解释词语、分析句子、编制提纲、回答课文内容或形式相关问题等。运用作业法时，需注重其科学性与实效性。

（五）观察法

观察法作为直接呈现知识的教学方法，指教师通过指导学生运用视觉与听觉感官，以具象化方式认识客观世界，进而提升其感性认识能力。在人类信息获取机制中，视听通道占据主导地位。实证研究表明，在人类通过感官获取的认知信息中，视听联合输入占比达94%，其中视觉输入单通道占比83%。观察活动不仅是人类认知活动的初始环节，更是构建客观世界认知图式、实现事物具象化表征的核心路径。

观察法包括观摩、演示、参观等具体方法。

1. 观摩法

观摩法即组织学生观看利用幻灯、投影、电视录像、教学电影等电教媒体展现的与教学有关的内容，从而增强感性体验，深入理解教材内容的一种方法。运用观摩法，一是要求教师学会操作一般电化教具，并学做教学幻灯、投影片；二是教师要精心组织和引导学生进行观摩活动，确保在观摩前有明确的指导要求，在观摩过程中加入详细的解说和指导，并在观摩结束后进行深入的讨论和总结，从而使整个观摩过程成为一个连贯的教学活动。

2. 演示法

演示法指利用教学卡片、挂图、实物、标本和模型等教具辅助教学的一种方法。运用演示法，特别注意教具出示和收取的适时性，要紧密配合教学需要，指导学生及时进行细致观察，不能顾此失彼，分散学生注意力。

3. 参观法

为契合教学大纲要求，教师可以组织学生赴特定场所开展参观与访谈活动，此举旨在强化其直观认识，深化对教材内容的理解，并为其积累写作素材。教师运用参观法时，首先应当明确参观目标，继而制订详尽参观方案，细化参观要求；其次，需严谨组织、悉心指导，确保学生详尽记录参观过程；最后，应引导学生梳理参观笔记，组织研讨交流，撰写观后感或指定主题作文，实现感性认识向理性认识的升华。

第四节　语文教学方法的变革

一、语文教学新方法

为推动语文教学方法的变革，创新举措的重要性不言而喻。广大语文教师把握改革开放的大好时机，充分施展自己的创造才华，推出了一批语文教学的新方法。下面介绍其中几种。

（一）自学指导法

自学指导法，亦称自学法或自学辅导法，是指教师引导学生通过自主学习获取语文知识、提升语文能力的一种教学方法。该教学方法的革新与实践，充分彰显了“以学生为主体、教师为主导”的教育理念。学生可依据教师提供的教材、辅导资料或指定作业，自主开展阅读或习题练习，教师需要适时给予指导、解答疑问并总结归纳。此法尤其适用于小学三年级及以上年级学生。其核心优势在于聚焦学生自主学习，着重培养其独立学习能力与习惯，对培育创新型人才大有裨益。然而，其明显不足在于基础薄弱的学生可能难以适应，且若指导不到位，教学过程易显松散。

自学指导法形式多样，其一为划块式，即在课堂时段内划定专门时间，供师生开展自主学习与指导；其二为整堂式，即整节课均用于学生自主学习与教师指导；其三为课外式，即在正式课程结束后设定特定时段，引导学生自主学习，此举虽常针对学困生，但亦可面向全体学生。

教师运用自学指导法时，需注意以下几点：第一，需明确学习目标与标准，结合自学内容设计启发式思考题与练习题，使学生心中有数，带着问题自学；第二，应标明自学内容中的重点与难点，并提供明确的学习步骤与策略；第三，应提供阅读指南或参考资料，传授自主学习方法，协助学生解决学习中的难题；第四，实施定期巡视与指导，针对学困生提供个性化辅导，密切关注其自学进展，及时介入解决问题；第五，营造优质自学环境与条件，帮助学生全身心投入自学，提升学习效果；第六，开展自学情况检查与总结，肯定学生自学成果，解决其自学过程中遇到的问题，持续优化自学效果。

（二）比较教学法

比较教学法是把两种或更多语文元素整合起来，开展细致深入的比较与分析，借此探寻相关语文知识并加深对知识的理解程度。我国著名幼儿教育专家陈鹤琴先生在幼儿教育领域运用了这一方法，他引导孩子分辨两种外形相近的物体，分析它们各自的特点与属性，如此一来，便能助力孩子更精准地掌握所学内容，在脑海中留下深刻印记，实现知识的长久留存，该方法在幼儿园教育中起到了至关重要的作用。在语文教学中运用比较法，可促使学生更好地把握知识的架构与规律，系统性地巩固已学知识，还能培养他们举一反三、由此及彼的自学能力。

比较教学可划分为两种类型：其一为求同比较，通过横向对比或类比提炼普遍规律；其二为求异比较，针对相似但具有差异性的语文要素，通过对比或纵向分析明确差异特征。

实施比较教学法的具体策略包括：其一，新旧结合法。通过引入新知激活旧知关联，构建比较对象。其二，问题驱动法。教师提出教学问题，引导学生收集课堂内外语文材料，确定比较焦点。其三，单元教学法。通过单元内相似课文的整合学习，促使学生发现文本关联与差异，明确比较重点。其四，评议比较法。以学生作文为案例，展示同一命题的不同写法，组织学生对比分析。

（三）得得教学法

“得得法”是得得教学法的简称，亦称“一课一得，得得相承”。“得”是指在教学过程中，既要保证学生理解知识，又要确保其掌握知识。整个教学过程需围绕知识传授、学习、理解与掌握展开，唯有真正理解并掌握，方可谓之“得”。当课文聚焦于特定训练点时，教学过程大致可划分为三个阶段：其一为自主学习与预习阶段。此阶段首先由教师提供自学引导，随后学生开展自主学习，最终由教师着重强调课本中的示范内容，以满足突出训练重点的需求。其二为逐步推进阶段。教师明确训练点的具体要求，指导学生精读、研讨并剖析范例，实施专项训练，确保“得”的实现。其三为读写融合阶段。学生在深入分析范例后，开始模仿并尝试创新写作。上述三个阶段共同构建了从“综合（课文）至单一（示例训练）再回归综合（作文）”的完整思维路径。“得得法”本质上是一种教学架构，而非具体教学方法。然而，这种“一课一得，聚沙成塔”的教育改革理念，在教师群体中得到了广泛应用，众多教师已将“一课一得”视为一种独立的教学方法。

（四）情境教学法

情境教学法依据教材内容与教学标准，综合运用多种教学策略，致力于构建生动鲜活的语文学习环境，帮助学生深化对文本的理解与感知，进而提升语言素养、促进智力发展并陶冶情操。情境教学法作为一种行之有效的教学方法，已在全国范围内得到广泛推广与应用。

实施情境教学法的核心在于营造鲜活的语文教学环境，主要通过以下两种路径达成。

其一，模拟情境创设。教师在教学实践中常借助图画、照片、音乐、文学语言及电子教具等多元工具，重现教材所呈现的实际情境。鉴于学生的思维与注意力特点，模拟场景应力求形象生动。具体可采用五种方式模拟情境：通过日常生活实例展现情境、借助图像再现情境、运用音乐渲染情境、以语言描述情境以及通过角色扮演体验情境。也可单独采用某一种方式或综合运用多种方法，最终都是服务于语言学习目标。

其二，情境素材选取。在阅读教学环节，可利用电子教具辅助课堂教学，如通过课文配套的幻灯片、投影、录像及教学电影，使学生产生身临其境之感；在作文教学实践中，教师可引导学生走出教室开展实地观察，以此拓宽视野、丰富写作素材。

运用情境教学法时，需遵循三大原则：一是需依据文本特性设定情境，因不同文体与课文会营造出各异的教学情境；二是应灵活选择情境创设方式，力求在现有条件下简化操作流程，充分挖掘本地资源；三是在语文教学中，情感与认识的融合至关重要。创设情境的根本目的在于优化教学效果。通过情境化教学，学生能够更深入地掌握知识、启迪智慧、培育情感，而非单纯追求形式上的趣味性。

为了让学生切实沉浸到学习情境里，实现深度融入学习场景，教师必须运用情境引导的教学方法。这种情境教学法旨在通过教师引导，帮助学生顺利完成整个学习过程。因此，在教师开展情境教学活动的过程中，有三个关键方面需要着重留意。

1. 施教的趣味性

兴趣是驱动学生学习的核心动力，其核心功能在于促使学生将学习转化为内在需求与动力源泉。“知之者不如好之者，好之者不如乐之者”乃古代教育家的经验总结，“所有智力方面的工作均依赖于兴趣”是“现代心理学之父”皮亚杰的经典论断。教学实践证实，引导学生在探索思考中体验乐趣、感受兴奋，是提升教学效果的捷径。趣味性是情境教学法的核心要素之一，教师需要通过情感充沛、生动活泼的授课方式激发学生的学习兴趣。

语文教师应致力于打造趣味课堂，让学生在愉悦的氛围中主动探索，品味语文学习的甘美。例如，可通过每日早读背诵古典诗词积累文学素养，每堂课设计引人入胜的导语吸引学生注意力。还可以采用直观演示、激发想象、构建悬念、展现意境、情感共鸣、讨论答辩等多元方法，消除学生的消极心理，激发学习热情，提升求知兴趣。

2. 求学的主动性

语文教学应实现从“以教为中心”向“以学为中心”的转变。教学活动是激发智慧、培养能力的动态过程，其对象是具有情感与个性的独立个体。教学目标需通过学生主动参与、内化吸收方能实现。学生作为学习主体，其参与度直接决定教学成败。情境教学法旨在激发学习热情、启迪思维、培养积极学习态度。激发学习积极性通常在新课导入阶段实施，此时可确定学习重点、设定明确目标，或介绍有效方法确保方向清晰，通过巧妙导入帮助学生融入实际情境。情境教学高度重视此环节设计，针对不同教材与受众选择相应导语形式，包括问题悬念、诗词曲赋、格言警句、故事传说、温故知新、解题引导、练习实践、知识拓展等形式。当学习欲望被激发时，学生将因好奇、情感或关心需求转化为探索动力，主动融入学习过程。培养参与精神是教育民主的体现，积极的参与精神能带来尊重、信赖与理解。在积极参与与内在动力驱动的影响下，学生能够对知识充满热情，对探索充满激情，超越教学预期，体验成功喜悦，获得精神满足。情境教学法通过愉悦环境激发学生的学习积极性，营造潜能释放氛围，鼓励全体主动参与。

3. 情知的对称性

语文教学不仅是一个具体的认知过程，也是智力活动与非智力因素交互的过程。语文课程在培养情感美感与卓越智力方面发挥关键作用，构建了全面认知框架与情感世界。情境教学法的核心理念是融合认知与情感，这一方法将语文视为培育品格与智慧双向成长的工具，而非仅追求知识的工具性学科。该教学法强调在文献分析、图像解析与理论领悟中充分利用情感的独特作用，从学习需求出发构建教学场景，提供具体学习环境或氛围。学生置身此类环境时内心产生波动，印证了“登山则情满于山，观海则意溢于海”的哲理。在特定教学环境中，学生与情境进行深度信息互动，强化听说读写全方位训练，促进语感、文感、情感与智能协同发展，确保知识传递、智力发展、能力培养与性格陶冶目标的完整实现。长期探索表明，每个情感目标均伴随认知目标，二者相互交融。这种“双效合一”策略实现了理性（认知）与非理性（情感）的高度契合，达成教书育人的统一目标。

（五）思路教学法

思路走向体现作者创作时的思维模式，并转化为文本的核心架构。教师依据作者思维逻辑与文本的组织框架，引导学生辨析段落主次，把握整体结构，提炼核心要义，深度领悟作者思维脉络，进而掌握独立阅读与分析技能，此即思路教学法之精髓。

思维模式差异导致思维层级分化。“思想境界”是指文本中作者所达思想主题之高度，具显著阶级与意识形态倾向。而“思路”则是作者通过特定语言文字展现其逻辑思维，彰显思维的有序性。思维模式与语言感知有别。“语感”指读者对文本文字语言的敏锐感知，而非对文本整体架构或层级的深度解析。在思路教学中，需确保思路“接通”，即整合作者写作思路、教师教学方法及学生学习方法，促使学生深刻理解文本核心思想。“接通”的关键在于教师，其教学方法是联结其他两方的桥梁，因此教师须全面把握两个方面：一为文本思路，二为学生思路。教师通过深入钻研教材，精心设计教学内容，并运用多元教学方法，可有效融合两者，确保学生能精准理解文本结构与主题。

二、语文教学方法的引进

（一）发现教学法

“发现”一词本义指探寻先前未被认知的事物及规律。心理学家布鲁纳作为该教学理念的奠基者，他的理念认为，发现不仅指向未知领域，更广义地涵盖通过思维直接获取知识的所有途径。发现法是教师提供适合学生学习程度的教材，引导学生自己探索，发现问题，寻找答案，得出结论的教学方法。此法能激发学生的学习热情，帮助其获取可迁移的持久知识，并培养研究与创新精神。在语文教学中，发现法亦称“问题导向法”或“探究法”。

运用发现教学法需遵循以下步骤：首先，创设问题情境，激发学生认知冲突，促使其主动提出问题；其次，学生基于已有知识及教师提供的资源，提出合理假设并探索解决方案；再次，通过理论或实践验证假设；最后，总结归纳并形成共识。

发现法在引入过程中历经改进，逐步演化为适应不同地区教学需求的语文教学方法。例如，由发现法衍生的“引导发现法”包含五个阶段：准备阶段，教师指导学生明确探索目标、路径与方法；初步探索阶段，学生按预定目标与路径，通过阅读、观察、思考等活动，自主总结知识规律并寻求问题解答；交流阶段，教师组织引导学生分享初步成果，并就争议议题展开深入讨论；总结阶段，学生整理知识实现系统化，教师评估修正学生小结以助其理解知识内在联系；应用阶段，学生通过多样化练习完成挑战性任务，验证并巩固所学知识，提升解决实际问题的能力。

（二）SQ3R 学习法

SQ3R 学习法，亦称“查、问、读、记、复习法”或“五步进阶阅读法”，是旨在培养学生自主学习能力的阅读教学方法，其起源可追溯至艾奥瓦大学。SQ3R 为五个英文词语的首字母缩写，分别对应阅读的五个阶段：浏览（Survey）以获得整体认知；提问（Question）以聚焦核心要点；阅读（Read）以深入理解内容；复述（Recite）以强化记忆要点；复习（Review）以巩固学习成效。

第一阶段，需进行全面浏览，对学习材料形成初步认知，涵盖内容摘要、目录、前言，以及各级标题、图表与注释。第二阶段，聚焦读物核心内容，识别重点与难点，并据此提出问题。第三阶段，带着问题深入研读，可采用标记、画线、撰写批注或做笔记等方式。第四阶段，合上书本进行回忆复述，对各部分内容提问并解答，同时回顾各章主旨，以巩固学习成果。第五阶段，进行复习与巩固。此学习法在实际运用中表现稳健，尤其适用于需记忆与深度理解的精读及必读材料。然而，此法耗时较多，故不推荐用于仅需基础了解的略读材料。

此学习法引入我国语文教育领域，不仅适用于学生自主学习与阅读，经适当调整后，亦可应用于精读课文教学。在教师的引导与启发下，此法被优化为兼具师生互动特质的“五步自学指导法”，即：定向浏览以明确学习方向；略读质疑以初步探究问题；深读理解以深入掌握内容；回忆解答以强化记忆与理解；复习小结以系统巩固知识。

（三）科学扫描法

科学扫描法，又称“速读法”或“扫读法”，是一种在限定时间内快速、精准、高效提取文本关键信息的方法。其核心在于运用科学视觉阅读方式，通过降低眼球停顿频率、缩短停顿时长、减少回视次数，拓宽视觉覆盖范围，最终实现阅读速度提升。

该方法突破了传统逐字逐句阅读模式，采用逐行分块扫描策略：结合略读与寻读技巧，跳过常规表述，在识别关键内容时切换至逐行精读模式，对核心段落进行深度解析。典型文章结构可划分为七大模块：标题、作者、导语、基础内容、事实数据、创新观点、争议点。快速阅读如同雷达扫描，优先锁定第六、第七模块，忽略其他内容，这种直达核心的阅读方式可显著提升单位时间信息获取量。

相较于传统阅读，科学扫描法可将阅读速度提升一倍，理解率保持在 50% 水平。作为专业阅读技能，该方法需系统化训练。

三、语文教学方法的发展

在语文教学的实践过程中，语文教学方法被界定为持续变动的构成要素，其本质属性体现为动态演进的子系统特征。教师在开展语文教学设计时，需要系统性地探究语文教学方法的动态演变规律，精准预判其发展趋向与演进路径，主动担当语文教育改革的先行者角色，以驱动语文教学方法的迭代创新与效能提升。

（一）语文教学方法的发展趋向

1. 主导主体有机结合

语文教学方法体现了教法与学法的深度整合。随着特定时期主导教学理念的更新，教学过程与方法论体系亦随之动态调适。既往教育以教师为中心主导，侧重知识传授；当代教育转型则以学生为中心，强调主体能动性。这种转换在古今中外的教育演进中反复呈现，历经数百年乃至数千年的周期性重构。语文教育实践需持续坚守双主体原则，确保教学方法与该核心理念形成有机结合。

2. 知识能力同步教学

语文教学本质上是知识传递与技能培养的双重过程。教学方法既承载知识传输功能，亦肩负能力建构使命。传统教育过度聚焦知识灌输，忽视能力发展，为培养学生的思维品质，需依托基础事实知识体系。教学方法应保障知识教育与能力发展同步推进。近年国外出现“第三程度”的理论，即学生掌握知识和运用知识，按深度分为三种程度：第一程度是掌握信息，第二程度是具有运用知识的技能技巧，第三程度是善于创造性活动。像发现法、问题教学法、范例教学法、暗示教学法等新的教学方法便是以实现第三程度为目的。我国语文教学方法革新需与国际前沿理论保持同步。唯有当学生构建起坚实的知识架构并展现出卓越能力时，方能开展创造性活动。

3. 认知个性和谐发展

认知是指学生的感知能力，即智力；个性涵盖学生的独特心理特质，即非智力因素。全面发展教育理念实质为智力与非智力要素的协同发展，这一共识已获教育理论界与实践界的广泛认同。苏霍姆林斯基认为，理想的教育应体现和谐性，缺乏和谐的教育将阻碍全面发展目标的实现。赞科夫认为，高阶发展不仅指智力提升，更包含整体成长，即除智慧培养外，还需关注情感、意志、性格及集体主义思维的培养。在语文学习过程中，观察、记忆、联想、思维、想象等智力要素构成核心认知系统；动机、兴趣、习惯、情感、意志等非智力要素则驱动学习动力系统。唯有二者协同演进，才能实现语文学习的立体化推进。未来语文教学方法需兼顾智力潜能激发与非智力特质培养，通过二者的有机融合，推动认知能力与个性心理的协同发展。

（二）语文教学方法的发展途径

1. 批判继承，推陈出新

语文教学方法兼具传承性与创新性。当代教学方法多源于古代或前人经验，如“讲授”“诵读”“研讨”等传统方法已延续两千余年，现代创新方法追溯其源流仍可见传统印记。例如“比较教学法”由现代幼教先驱陈鹤琴提出，在学前教育中发挥关键作用。

这种批判继承、扬弃的过程，本质上就是推陈出新、实现创造与发展。对于过往的教学方法，只要其中包含的逻辑正确要素，比如具有启发意义且能与教学实践紧密结合的方法，都能切实有效地传递知识、提升能力、激发智慧、陶冶情感，进而获得广泛认同并被吸纳采用；而任何不合逻辑的要素，例如采用注入式或与教学实际情况脱节的，不利于知识传授、能力培养、智力开发以及情操陶冶的方法，都将遭到否定并被摒弃。秉持全盘否定或全盘肯定任何一种教学方法的观点，都是缺乏科学依据的。为了促进语文教学方法的改进与发展，应当深入探寻我国教学方法发展历程中积累的经验，合理舍弃其中不适应现代教学的部分，融入当代的创新活力与生命力，进而创造出更具实效性的教学手段。

2. 引进借鉴，为我所用

借鉴国外、异地或他人经验改进教学方法，是语文教学方法发展的动力源泉。“情境教学法”源自西欧外语教学革新，从“直接法”演变出“听说法”“视听法”“功能法”等现代外语教学方法，经改良后应用于汉语母语教学，形成全新教学方法。“范例教学法”由教育家瓦根舍因创立，强调从教学大纲与日常生活中选取“范例”，通过典型案例帮助学生掌握知识结构，提升教学效果。借鉴其核心理念，可为我国语文教学注入新元素。在改革开放的时代，在新技术革命频频挑战的未来，国家与国家、民族与民族之间各种思想的相互渗透是不可避免的。域外教学方法也将源源不断地被引进。如何结合我国语文教学的特点，结合本地本人的实际，进行科学的选择、合理的借鉴，拿来为我所用，这是未来语文教学的一大课题。

3. 优化组合，避短扬长

语文教学方法呈现多元性与综合性特征。该特性为教学方法的深化发展提供了广阔空间与创新可能。推进语文教学方法革新，优化组合策略尤为关键。这种最优匹配本质上是教师创新实践的体现。若将传承传统与借鉴国际经验视为“外源性学习”，则此类最优结合可定义为“内生性探索”。二者均不可或缺，但存在显性层级差异：内生性探索比外源性学习更具核心价值，尤其在基础教育阶段的语文课程中。

实现教学组合优化在于避短扬长，发挥个人教学的优势。需强调的是，任何特定语文教学方法均非万能方案，均需经实践检验后方可判定其有效性。

第六章　基于课程标准的高中语文合作学习教学方法

第一节　合作学习基础理论

一、合作学习的概念界定和理论基础

（一）合作学习的概念界定

在合作学习概念的演进历程中，数十年间始终未形成统一共识。不同研究者在其著作中均对合作学习做出自我阐释。在当前国内文献与专著中，该概念大致呈现以下四种定位。

第一，合作学习被视为教学组织形式与方法。早在20世纪80年代，约翰逊兄弟即已界定其为一种教学方法。约翰·霍普金斯大学的斯莱文教授作为代表性学者，在其早期研究中将合作学习描述为“教学方法”或“教学策略”。早期研究聚焦于通过教学方法的提出，从理论层面厘清合作学习的本质内涵。然而，合作学习在本质上以心理学与社会学理论为根基，且具有显著实践导向特征。随着理论体系的逐步完善，研究者对纯粹概念界定的关注度逐渐降低，转而更重视具有操作指导意义的实践描述。

第二，合作学习被界定为教学操作方法与技术。以色列特拉维夫大学的沙伦教授认为，合作学习是统筹课堂活动的系统性方法，学生间互相协作是贯穿课堂始终的机制。约翰逊兄弟与霍勒别克认为其是以小组为基本单元的教学组织形式，旨在通过群体互动达成最优学习成效。斯莱文亦持类似观点，指出合作学习是学生在小组中通过协作互助完成学习任务的多元化教学方式。近期学者雅各布斯、鲍尔和范恩进一步提出，合作学习应聚焦于培养学生高效协作思维与技能。上述定义均基于实践维度展开，通过具体操

作路径的阐释，更易获得一线教师的实践认同。然而，此类定义的局限性在于易导致形式化倾向，使合作学习的本质内涵被消解。

第三，合作学习是一种要素的集合体。鉴于单一描述框架难以完整呈现其本质内涵，过度聚焦教学方法易偏离合作学习的本质价值，研究者转向要素综合分析法阐释其本质。约翰逊兄弟提炼出五大核心要素：积极的互赖（责任共担意识）、个体的责任（差异化贡献）、面对面交互促进（面对面协作）、社会交往技能（涵盖沟通、决策与冲突化解）以及小组自评（小组运作效能评估与优化）。斯莱文的表述是六个方面：小组目标、个体责任、公平的成功机会、组间竞赛、任务专门化、个别需求。我国教育家、中国合作学习重要研究者王坦对合作学习内涵的表述为：小组活动为主体进行的一种教学活动、同伴之间合作互助、目标导向、以各个小组在达成目标过程中的总体成绩为奖励依据、由教师分配学习任务和控制教学进程。这些概念界定都是由几个关键的要素来界定，强调了合作学习必需的几种内涵，这样的表述方式现在比较普遍。

第四，合作学习是一种教学活动。国内的合作学习研究者更多地将合作学习作为一种“教学活动”进行界定。比较有代表性的有王坦的定义，认为合作学习是以合作学习小组为基本形式，系统利用教学中动态因素之间的互动，促进学生的学习，以团体成绩为评价标准，共同达成教学目标的教学活动。浙江学者盛群力认为，“合作学习，指的是在传统课堂教学中，将 4 至 6 名学生按性别、能力、个性特点、家庭社会背景等混合编组，形成一个异质学习团体的教学活动。这些概念界定的一个重要特点就是呼应新课改提倡动态教学活动的特点，另一个共同点就是对于分组的重视。综合来看，合作学习作为教学理念与方法体系，其创新与应用始终以实践为导向。因此，学术界对其概念的界定具有较大开放性，不同学者基于研究视角差异提出多元阐释，但本质层面仍呈现共性特征，即普遍将其视为具有可操作性的教学方法、策略与技术，强调其在实践场景中的应用价值。

（二）合作学习的理论基础

1. 发展理论

发展理论主要源于皮亚杰的认知发展理论，皮亚杰认为，个体唯有在与他人交往互动时，方可获取社会经验、知识、语言、价值观、规则、道德观念以及符号系统等。发展理论建立在一个关键假设之上，即在特定任务情境中，学生间的互动能够强化他们对核心概念的认识与掌握。皮亚杰在大量关于守恒概念的研究中表明：同伴间的互助协作有助于非守恒认知者转变为守恒认知者。在实验环节，当年龄相仿的守恒认知者与非守恒认知者被要求共同完成守恒任务时，非守恒认知者的认知冲突现象会在与守恒认知者的合作中逐步得到缓解，进而趋向于形成并维持守恒概念。

苏联学者维果茨基提出的最近发展区理论，为这一观点提供了有力支撑。最近发展区理论主要聚焦于儿童独立解决问题时实际具备的能力水平（即当下能力）与在成人引导或与能力更强的同龄人共同探讨时可能达到的能力水平（即潜在最高能力）之间存在的差距。基于此，教育应把握这一差距范围开展教学活动。换言之，除成人指导外，儿童在与同龄人共同完成任务、探讨问题的过程中，同样能够提升认知能力。维果茨基进一步强调，年龄相近的儿童间互动更有可能在其最近发展区内进行，这使得他们在集体活动中表现出更高的行为能力。

进一步研究发现，儿童开展小组学习时，无论是接受辅导者还是提供辅导者，都能获得积极的认知反馈。借助同伴的帮助与阐释，被辅导者的认知发展水平得以提升；提供辅导者在协助被辅导者的过程中，不仅对教学材料进行了重新梳理，还筛选出关键内容进行详细讲解，此举不仅巩固了其已掌握的知识体系，还让他们在小组学习过程中收获颇丰。

2. 目标结构理论

目标结构理论由多伊奇依据勒温的群体动力学理论所提出。勒温认为，群体形成的关键在于成员间相互依存。在这一整体动力体系里，任何成员状态的改变都可能引发其他成员状态的变动，且成员间的紧张关系能够激发群体达成共同目标。基于此，群体动力学理论提出：当个体为同一目标共同努力时，会激发出一种集体驱动力。这种驱动力有助于克服个体独立工作时的诸多局限，促进人们团结协作、相互学习、彼此激励，进而更高效地完成各项任务。

基于群体动力学理论，多伊奇深入研究了因奖励机制差异，群体中个体所呈现出的不同行为模式。多伊奇发现，在集体环境中，个体实现目标的途径存在差异，他将这些途径划分为三种类型：相互促进、相互对立和相互独立。由此，可识别出三种主要目标结构模式：合作型、竞争型和个体型。这三种独特的目标构建方式对个体的心态、行为以及与群体的互动均产生相应影响。正向的合作或依存关系促成积极互动；消极的依存关系（如竞争）可能引发消极互动；若个体不依赖他人努力，则互动难以产生。

合作型目标结构指，在集体环境中，个人目标与团队目标相一致。只有团队中每个成员都达成目标，个体才有可能成功实现目标。在特定学习目标和情境下，团队成员关系紧密相连，需共同完成教师布置的课程，并在集体学习中追求最佳学习效果。

竞争型目标结构指，在集体中，每个个体的目标相互对立。只有团队中其他成员未能达成目标时，这些个体才有可能实现目标。在特定目标背景下，团队成员间的关系相互排斥，在教师设定的课程中，仅有一人或少数人能实现最佳学习目标。

个体型目标结构描述的是，在集体环境中，个人目标达成与其他人无关，个体主要关注自身任务完成情况和个人进步程度。在特定学习目标场景中，团队中每个成员相互独立，各自追求与目标无关的学习成果。

多伊奇的目标结构理论为后续合作学习理论研究奠定了坚实基础。他的学生约翰逊兄弟不仅是合作学习领域最具影响力的理论研究者和实践推动者之一，还对该理论进行了系统整理和明确阐述，最终形成一套社会互赖理论体系。其核心思想可简要概括为：当众人齐聚一堂，为实现共同目标而努力时，依靠的是彼此间的团结力量。

合作学习背后有众多理论支撑，如社会凝聚理论、教学工学理论、选择论、系统组织论和建构主义理论等。尽管这些理论表面看似繁杂且不断发展，但实际上它们之间并不矛盾，而是相互补充，共同为小组合作学习提供了坚实的理论依据。在此，我们选取认知发展理论和目标结构理论，因为这两种理论在合作学习理论形成过程中发挥了关键作用。认知发展理论主要从认知层面深入探讨了合作学习的心理基础，而目标结构理论则从动机层面突出了合作学习目标在完成合作任务中的重要作用。

二、语文教学中的合作学习理论分析

（一）高中语文教学中使用合作学习的意义

1. 文化交流的视角

合作学习被普遍视为现代教育领域内广受青睐的理念，被认定是教育创新中成效最为显著且成功的方法之一，并在众多国家中得以广泛推行。在 2001 年的课程改革进程中，合作学习被视作一种关键的教学方法，被纳入新课改体系之中。《国务院关于基础教育改革与发展的决定》指出：“鼓励合作学习，促进学生间的相互交流、共同发展，促进师生教学相长。”与此同时，人们还引入了一种自主探究式学习方法。即便如此，在过往的教育实践中，合作学习仍面临诸多挑战。在合作学习推行初期，教师与教育工作者开展了一系列试验性教学活动，然而很快就暴露出形式化以及效率低下等问题。鉴于此，经验丰富的中学教师对合作式学习持审慎态度。研究人员指出，当前国内教师对于合作学习所蕴含的现代教学理论特性研究尚不够深入，难以全面阐释交往和社会因素如何融入认知过程，以及小组合作学习与学生主体发展之间的内在关联等问题，这致使实践过程中出现盲目性。一线教师在观察与体验课堂时，普遍认为问题源于合作时间选择不当、合作中问题设置不合理以及分组方式不科学等。然而，当我们深入剖析小学课堂中的合作学习模式时，会发现此类问题相对较少，合作学习在提升学业成绩、激发学习动力以及强化同伴关系等方面均展现出良好效果。

2. 人格培养的视角

新课程改革为青少年在思想道德、身心素养、创新思维及审美能力等基础品质层面提出了更高标准。鉴于语文学科具备独特的感知能力与直观的情感体验特质，语文教学天然承担着促进学生健全人格成长的重要使命。

然而，传统的将人格培养融入日常课程内容的教学方法，已难以满足当下学生人格完善的现实需求。在传统教学方法中，语文课程在培养学生人格方面发挥着关键作用。从古代《诗经》的纯真质朴、《离骚》的浪漫情怀，到杜甫的忧国忧民之思，再到现代鲁迅的深刻洞察、巴金的真诚动人，这些经典作家作品皆在塑造学生人格特质方面发挥着重要作用。尽管其中不乏《老人与海》《哈姆雷特》等众多杰出文学作品，学生通过这些作品既能领略文学之美、感悟人性共通，又能体会中外在人格完善方面的差异，但此类作品数量毕竟有限。

抛开课程内容偏见不谈，传统语文教学在人格培养方面存在明显不足，其中影响单一这一问题尤为突出。单纯依靠课程内容的吸引力来培养学生的人格与情感是远远不够的。若能在教学方法上做出适当调整，为学生创造交流契机，课程信息接收效果将得到显著增强，这也有助于学生将书本知识内化为自身品格修养。合作学习为学生营造了积极的学习环境，在此环境中，学生可进行深度交流与相互启发。这种学习方式为道德教育内化为品格、再转化为实际行动提供了丰富实践机会，并在高尚人格与行为实践中进一步巩固了有益思想。在小组讨论中，偏颇观点易得同伴修正，不良行为也更易在小组成员的协助与影响下得到纠正。

此外，团队合作精神在现代人格塑造中占据关键地位，而这也恰恰是传统教学方法所欠缺的。合作教学的核心目标明确指向培养学生的两大精神特质：一是独立精神，二是团队合作精神。传统教学过度强调竞争机制，导致集体精神匮乏，因此，培养学生的团队合作精神成为语文教学亟待解决的问题。当前语文教育中倡导的“对话”理念已获得广泛认可。鼓励学生与文本、教师以及自身的生活与心灵进行深度交流，这一做法值得肯定。“对话”的存在促进了交流，交流又带来了相互理解。唯有学生真正理解彼此，才能真诚相处与交往，进而推动人格发展实现质的飞跃。然而，若学生与身边易接触的同学都无法实现互助与相互理解，那么与文本的孤立“对话”只会加剧彼此隔阂与个体孤立，便使合作失去意义。合作学习为语文学习提供了基于相互理解与合作的途径。多项研究已明确证实，合作学习对学生从幼儿园到大学整个教育阶段的人际交往技巧与积极相互依赖关系均产生显著正面影响。在小组合作过程中，每位学生都应在实现共同目标的前提下，积极投入自身任务，并承担协助小组成员的责任与义务。当共同目标达成时，合作意识自然得到强化，个人自尊与自信也随之增强，这为未来合作奠定了积极基础。在团队合作过程中，学生要解决合作中可能遇到的人际关系问题，这也是对其人际交往技巧与合作能力的一次重要锻炼。在语文教学实践中，合作学习不仅促进了学生与教师、文本之间的交流，还推动了学生间的对话，为培育健康的团队合作精神提供了绝佳平台。

3. 语文教学的视角

语文教学的核心目标始终是语文教育所追求的方向。若暂且不考虑语文教育在文化与人格培养方面的附加作用，仅从教学内容达标角度审视，“强化基础知识，提高读写能力”是广受认可的目标。合作学习的运用亦是达成此目标的有效途径。

语文教学中的基础知识教学一直是难点所在，虽然讲授相对容易，但学生的掌握情况通常并不理想。语文教师与学生普遍认为，仅靠学生自行记忆基础知识远远不够，教师难以提供实质性助力；从另一角度而言，语文基础知识内容繁杂，需记忆之处众多。为此，教师已尽力按不同类别为学生分类整理，形成完整的基础知识体系，以帮助学生更好记忆。尽管学生自身投入大量时间记忆，但在考核时往往难以达到预期效果。

高中语文教师热衷于阅读教学，与文本对话对教师和学生而言皆为愉悦体验。合作式学习在诸如《窦娥冤》《哈姆雷特》这类篇幅长、角色多、思想情感复杂的文本中，更具适用性。学生分组学习交流，不仅能更高效利用课堂时间，还有助于不同观点的充分表达与相互交流。若运用得当，学生将收获更多。

在高中语文教学中，写作教学既是教学重点，也是教学难点。学生写作成就的取得，一方面得益于语文素养的持续积累；另一方面，离不开灵感为其提供启示与方向。前者需依靠语文课堂教学方法及学生个人的文学积累，后者才是写作课程所能解决的。合作式学习方法亦可为这两个方面的问题提供支持。通过组建合作学习基层小组，学生可在语文课堂内外同时解决前者问题，基本的文学积累可通过基层小组成员在日常阅读任务中的相互协助、监督、促进与考核完成；其他语文能力的培养可由基层团队成员相互推动学习，共同完成。

（二）高中语文教学中合作学习的基本定位

1. 为语文教学形式多样化提供有效策略

合作学习被视为一种适用于各年龄段与各学科的有效教学方法，然而任何教学方法的实际效用均存在局限性。故而，课程专家乔伊斯与韦尔提议综合运用多种教学方法，以契合不断演变的教学环境。这恰好与语文教育领域的合作式学习认知相契合。

对于课堂教学而言，教师的讲授方式无可替代。在教师讲授的过程中，核心概念能以更精准、更清晰的方式传递给学生，并且教师直接授课的模式是语文教学及中国常规教学活动中最为常用的方法。部分研究表明，针对学习困难的学生，教师直接授课能使其获益更多。对于学业优异的学生，他们在教师直接授课中获取的信息或许不够充分，但教师的直接授课方式已被证实是节约时间最为有效的教学方法。

在传统教学活动中，教师直接教学是常见现象，此点不容忽视。事实上，教师直接教学也有诸多成功范例，尤其在强调文本对话与语言感染力的语文教学活动中。然而，这种课堂环境既是教师个人持续努力的结果，也是多年实践经验积累的产物，是语文教师成长历程中不可避免的环节。但从根本上讲，这种教学方法的培养与形成过程似乎较其他教学方法更难追溯。

因此，基于现代教育理念，我国倡导学生采用自主、合作与探究的学习方法。

此种学习方法也与相应的教育方法相匹配。为实现自主学习，教师需更多地赋予学生教与学的主导权，这就要求教师应更高效地设计课堂环节，以增加学生自主参与的机会。实现真正的自主学习的关键在于向学生明确其学习职责，并激发其学习积极性，唯有如此，真正的自主学习才有可能达成。在自主学习的教学过程中，关键环节在于教师是否能设计出激发学生热情与动机的学习任务。此种教学方法对于语文教学而言，与其他学科一样，具有重要启示意义。

在高中语文教学中，探究式教学作为一种特殊教学方法，除了在专题研究性学习中运用外，在常规教学环境中并不常见，探究式教学方法更多地会在数学、物理、化学乃至历史等学科中应用。探究式教学方法极为适合那些需要学生深入理解、逻辑推理与问题解决的情境，这也彰显了教学策略的实际应用及其适用领域。需明确指出的是，探究式教学方法通常适用于学生或几人共同解决某一特定问题时，而该问题可能并无明确结论的情况下。然而，探究式学习应具备相对清晰的解答，如此教师才能更有效地指导学生的探究活动，并为学生的探究成果提供成功的评判标准与验证流程。否则，探究式学习可能仅是对探究本质的一种体验，或并不完整的探究过程。

相对而言，合作学习在高中语文教学中，被看作一种极具参考价值的教学方法。合作学习在高中语文教育中的重要意义与价值赋予了合作学习在高中语文教学中的独特优势。不过，鉴于语文教学本身作为语言艺术所具备的独特属性，同时综合考量多种教学方法后，人们仍旧认为合作学习是高中语文教育中极具参考价值的教学方法之一。

2. 为未来一段时期的语文教学实践做准备

依据调研数据，当前在合作学习的运用方面，幼儿园的使用频次最高，接着依次为小学、初中、大学，而高中的使用频次为最低。

相较于初中和大学，高中阶段在合作学习推进中似乎面临更多挑战。探究其背后缘由，首先是时间紧迫，高中生面对的是高考带来的巨大压力。在有限的时间里，教师往往需直接开展讲授，这种时间上的紧迫感阻碍了教师的深度参与。其次，普遍存在学习动力被认为充足的情况。高考被视作每位高中生的核心学习驱动力，这一驱动力在家长和教师的持续强化下不断增强，因而通常不会被视为存在学习动力不足和兴趣缺失的问题。最后，由于长期受传统教学方法的熏陶，师生对新型教学模式的接纳程度和参与兴趣均较为欠缺。

第二节　合作学习在语文教学中的教学策略

一、合作学习在高中语文教学中的优化策略

（一）反思强化合作学习中的教师职能

1. 切实加深合作学习理论学习

合作学习的教学方法与教学过程均围绕其核心理论展开，作为现代教育理念之一，合作学习突破了诸多传统教育观念的局限。为规避教学过程中出现形式化与盲目操作的现象，教师需积极践行合作学习，并深入把握合作学习的理论精髓。为透彻理解合作学习的理论精髓，教师可查阅相关学术文献，事实上，几乎所有关于合作学习的著作均对

此进行了详尽阐述。教师对合作学习理论的深入理解与接纳，主要体现在：其一，能够帮助教师成功转变教育观念，使其真正成为学生学习的引导者与合作学习的规划者；其二，有助于教师更清晰地把握合作学习的教学过程，不仅要知晓其外在表现，还需深入探究其内在逻辑，以防止在合作学习教学中出现盲目行为；其三，有助于教师解答诸如“合作学习是否有效”以及“合作学习与独立学习哪种方式更易取得良好学业成绩”等疑问。此外，对新理论的深度探究也契合了新一代语文教师的成长需求。语文教师对合作学习的深层含义有了深刻认识之后，还需引导学生对合作学习形成基本认知。高中阶段的学生已具备理性思维能力，且对新教学方式充满兴趣。在开展合作学习前，语文教师需要向学生阐释合作学习的重要性、目标等内容，有助于他们更好地理解，并在教学过程中赢得学生的积极参与。

2. 创建民主平等负责的合作学习氛围

积极的学习氛围是推动合作学习顺利开展的关键性条件，有助于深度培养教师与学生的协作精神。合作学习由合作认知、合作情感、合作技能与合作行为四个层面构成。掌握合作学习的基本理论内涵是教师与学生之间建立合作认知的核心活动，营造优质合作氛围则是培养合作情感的关键要素。

教师在构建此类环境时：其一，需构建基于民主、平等与相互信任的师生关系。尽管教师与学生在知识传授与接收、专业领域存在差异，但双方人格应保持平等。唯有在民主宽容的环境中，学生才能更高效地培养创新思维。唯有信任学生，才能赢得其信任回报，这种平等互信的环境亦是保障教学活动顺利推进的核心要素。其二，需构建平等、具有责任感且相互信赖的学生间关系。在合作学习模式下，依据“组内异质”原则，不同学习能力和风格的学生被分配至同一小组。小组内学生在任务执行与贡献上存在差异，若缺乏平等责任与相互信任，极易导致合作效率低下甚至引发冲突。优质的学生间关系可通过教师引导协调建立，同时需强化合作技能训练。

3. 注意培养学生合作学习深层技能

合作技能不仅是保障合作学习顺畅开展的核心要素，并且是建立在合作认知与合作情感基础之上的，同时亦能强化合作认知并培养合作情感。人们在调查研究中发现，高中师生普遍掌握合作技能的基本概念与初级能力，但在高级技能层面仍存在显著短板。结合合作技能的多元表现形式，并思考高中语文教学的特殊性，将合作学习高级技能细化为四个核心维度：高效沟通技能、清晰个人责任意识、充分信任机制及冲突解决能力。

（1）有效的沟通包括有效接收信息和有效表达两个方面

①有效接收信息需以礼貌聆听并理解他人观点及情感为基础，同时提供反馈意见。②有效表达则需清晰阐述个人观点、期望并请求反馈。实现真正高效沟通需整合小组成员观点并形成综合性总结。

具体而言，倾听时保持微笑、主动给予积极反馈、保持眼神交流及运用积极自信的词语均为有效方法。研究显示，高中生在基础沟通技能，如倾听、理解与自我表达方面表现良好，但在高层次思维整合与发言总结方面仍有提升空间，需通过培养逻辑思考能力及持续训练加以强化。

（2）明确的个人责任是防止责任扩散的必要手段

若学生贡献未获适当评价或被视为不重要，或未对小组学习成果承担责任，则易导致责任扩散现象。

合作学习的核心目标在于确保小组成员深刻认知自身责任，个人责任亦是保障合作学习过程中各成员取得进步的核心要素。为确保责任落实，需明确任务分配、评估反馈并确保成员对小组最终任务承担责任。具体操作包括：控制小组规模以强化个人责任；安排检查员督促成员参与学习活动并发言；随机抽选成员代表小组发言；实施学生学习成果检查与测试；教师进行课堂观察与评估。

（3）充分信任包含信任他人与值得信任两个维度

为实现小组共同目标，成员间互信至关重要，这种信任既是心理体验也是行为表现。

信任他人体现为分享资源与信息、观点、思考、情感及洞见，并真诚听取他人建议与反馈。值得信任则体现为重视他人观点与贡献、坚定支持伙伴并深信其才能，以及展现合作意愿。在团队合作中，学生均应展现信任并维护这种信任。

（4）解决冲突需要建设性的态度

需正确理解冲突本质，冲突源于小组成员差异但表现为真实观点交流，实际上冲突是一种高强度沟通手段。面临冲突时，需将其导向合理路径以建设性方式解决。

为建设性解决冲突，教师可传授以下技巧：争论聚焦具体事物而非个人，以更好完成学习任务并基于观点而非立场；在理解多元观点后进行整合总结以避免偏见；深入换位思考以了解他人观点背后的理论基础与思考模式。

有效解决冲突可能激发创造性思维、提升结论质量并促进明智决策，而不成功的解决方案则可能削弱团队合作热情。这更凸显了培养学生处理建设性冲突能力的重要性。

4. 灵活组织设定合作学习过程

语文教师需全面负责设计合作学习活动流程，该流程涉及学习内容筛选、分组策略制定、合作方式选择及评估方法等多个环节。

合作学习的常规流程包括：选择内容—分组—选取合作方法—实施—评价语文教学。需注意，并非所有语文学习内容均适合采用合作学习方式，因此选择适宜的学习内容成为教师的重要职责。在高中语文教学中，以下情境适宜开展合作学习：涉及长期巩固与记忆的知识点，如基础语文知识；复杂任务与难以理解的概念，如长篇小说与戏剧；需激发发散性与创造性思维的环节，如写作与开放性问题；需高度理解力与批判性思维的任务，如课文中的难点问题。

这一标准是基于大量合作学习研究成果与高中语文教学实践相结合而制定的。简而言之，合作学习适用于需高度激发学生思维能力、需强化与巩固理解的教学内容与环节，教师可据此灵活实践。

内容筛选后，确定合作目标成为关键任务。合作目标依据合作内容设定，高质量目标需有效激发学生学习热情，难度应适中。准确把握此难度，教师需结合学生实际情况，遵循信任学生的原则。信任不仅是对学生能力的认可，更包含对学生未来能力的期待，需据此动态调整合作目标难度。制定合作学习目标时，需充分考虑小组各成员的成长潜力，确保人人有机会参与，为小组贡献实质性力量并取得更大进步。

5. 调节控制合作学习过程

合作学习方案设计完成后，就进入课堂实施阶段。课堂环境充满动态变化与复杂性，在合作学习教学过程中可能遭遇多重挑战，例如确保讨论主题不偏离核心、促进学生间有效交流、合理规划交流时长、针对学生发言进行科学评价，以及应对合作过程中可能出现的冲突等。

此外，在合作学习调控环节中，教师需承担关键职责，即在每项教学活动启动前，向学生清晰阐释学习活动的评价标准与成功准则。预先设定明确标准有助于学生在既定教学框架内更高效地达成学习目标。

（二）组织优化合作学习中的小组结构模式

教师应在兼顾高中生个体特性与语文教学特殊性的基础上，致力于科学规划并优化合作学习小组的组建模式，以契合高中语文教学的实际需求。主要从以下几个方面入手。

1. 明确小组结构的核心要素

合作小组被视为一种特殊的学习系统，其核心构成包括人员要素、目标要素及协同要素。

在小组中，人员要素主要指学生，他们不仅是小组的基本构成单元，也是小组运作的最终落脚点。小组的根本价值在于促进每个学生的个体成长。在此过程中，学生作为小组的有机组成部分，展现出独立思考与自主学习的能力，是具有独立主体性的个体。学生的自主学习能力是其参与小组学习的基础，唯有通过个体自主探究，学生方能真正融入小组学习。

目标要素指合作学习小组中成员需共同完成的学习任务，涵盖学习目标设定与问题解决等。目标要素为小组成员提供了协同行动的内在驱动力，为实现共同目标，每位成员均需承担相应责任并付出努力。

在合作学习过程中，协同要素涉及小组成员构成调整，包括合作意愿、合作氛围、合作策略、合作管理及反思机制等。在小组架构中，协同要素虽属于软性环境，但对优化小组结构具有关键作用。

上述三个要素相互依存、互为补充，共同构成小组架构的核心。人员要素是小组的基础，既是达成目标的关键，也是形成协同要素的核心；目标要素作为小组的核心驱动力，确保成员紧密协作，高质量的目标设定是构建高效有序小组的关键；协同要素则保障学生展现良好合作态度并有效达成目标。

2. 变通小组结构的组织原则

在合作学习研究领域，关于小组结构构建方法的探讨已相当丰富。这些研究的核心主张是：遵循“组内差异互补，组间水平相当”原则，将每二至六名学生组成一个学习小组，并对座位布局提出具体要求。鉴于中国高中语文教学的独特性，我们期望依据语文教学目标进行适当调整。

（1）依据合作学习的任务类型，灵活运用“组内差异互补，组间水平相当”原则。在组建多数合作学习小组时，遵循该原则至关重要。此举旨在根据学生在性别、能力、性格等方面的差异进行分组，激发组内异质性，促进成员间相互学习。同时，需确保各小组间学习水平相近。

（2）根据合作学习任务难度，合理确定小组人数。

（3）灵活处理座位安排问题。早期合作学习研究者指出，传统课堂中“秧田式”座位布局，即学生以行列形式面对教师，反映了单向知识传授的教学理念，不利于学生间有效沟通。为营造面对面交流环境，合作学习通常需优化座位布局，如采用“马蹄形”或“花园式”布局。然而，在高中教室中，将学生如小学生般围成完整圆圈并不现实。我们认为，高中生在充分理解合作学习意义与目标，并掌握有效合作技巧后，即使采用传统座位排列，也能实现高效合作与交流。实际上，在传统座位安排中，两人小组仅需两人面对面转身，四人小组则两人旋转座位即可实现面对面沟通。对于更大规模小组，学生有能力自行移动凳子至同一位置，实现有效交流。

因此，在确定小组构建原则时，可根据语文学习任务类型与难度，灵活调整小组规模与座位安排。此调整基于对高中生的思维能力、交流能力及课堂时间利用效率的充分信任。

3. 深入把握小组结构的组织形式

合作学习小组通常涵盖三种构成形式，即正式合作学习小组、非正式合作学习小组以及基层合作学习小组。此分类方式在高中语文合作式学习中依然适用。

正式合作学习小组应为一个经过精心规划、相对稳固的学习集体，通常建议由四名成员构成，以确保遵循“组内差异互补，组间水平相当”原则，并保证至少包含一名优等生与一名后进生。此类合作式学习小组通常维持一定时长，且最佳状态是形成稳固的团队协作关系，因其需共同应对复杂学习任务，如共同研读、共同创作及共同解析难题等。在正式合作式学习中，此类小组被视为最常用的标准化小组。

非正式合作学习小组则指针对特定学习任务临时组建的小组，此类小组通常具有临时性质。其存在主要依赖于共同学习任务的吸引力以凝聚团队。当需解答相对简单问题时，临时小组已足够应对。例如，在相互检查与背诵课文的过程中，组合方式可灵活多样，相同的学习任务还包括相互检查作业及共同完成笔记等。

基层合作学习小组是一个持续时间较长且更为稳固的学习集体，他们常聚首交流，相互支持、激励并协助彼此学习过程，同时分享学习心得，助力个人成长。基层学习小组的存在期限相对较长，可能跨越一个学期或一个学年，且小组规模可适当扩大，从四人至六人均可。在构建基层合作学习小组时，教师不仅需深入了解学生，还应兼顾学生的分组意愿。

这三种合作学习小组各具特色：非正式合作学习小组灵活性高，但任务目标须具备强烈吸引力，且难以应对复杂学习任务，在培养团队协作能力方面效果有限；正式合作学习小组可应对更复杂的挑战，并有助于提升合作技巧，但在团队划分与实际操作中面临诸多困难；基层合作学习小组的最大优势在于为学生提供持续的学术支持，有助于培养其合作精神与技能。然而，在需高度灵活性的课堂教学环境中，其操作显得过于迟缓。语文教师在选择三种不同组织形式时，亦需依据学习内容与难度做出决策，同时，建立基层小组亦可视为一种有益的探索。

（三）精细化提升合作学习评价的可操作性

对合作学习的评价是合作学习的收官环节，高质量的评价能激发师生在合作学习中的参与热情，推动双方共同成长，进而促进合作学习的良性发展。然而，在实际教学场景中，众多教师反映合作学习评价方法存在“烦琐”与“难以操作”的问题，导致这一环节常被有意无意地忽略。

实际上，合作学习评价的复杂性主要源于其内容、环境及实施主体等方面的不确定性，这些不确定性叠加使本就复杂的活动变得更加复杂。不过，在高中语文教育的特定范围内，对合作学习评价方法进行精细化改进和提升是完全具备可行性的。

1. 明确评价目的是促进学生发展

评价目标既是合作学习的初始导向，亦是其终极追求。合作学习评价的核心宗旨在于促进学生的全方位发展，而非单纯追求个体成功，而是致力于每位学生的进步。传统评价方式主要聚焦于既定知识体系，侧重于对学生的知识记忆与理解能力的横向量化评价，却往往忽视了学生的思考、交流及语言表达等综合能力。对于合作学习的评价，其关键在于从学生个体成长维度出发，全方位审视学生在各领域的进步，其初衷与归宿均在于推动学生的全面发展。

然而，这种多维度、综合性的评价目标无疑会提升评价过程的复杂度，此乃难以规避的现实。在实施评价时，应始终坚守促进学生成长这一核心目标，旨在克服部分教师因嫌烦琐而产生的抵触心理，为其提供必要的心理支撑。

2. 理解评价的原则具有多重性

合作学习的评价准则为评价目标确立了清晰标准，并为评价活动开展提供了全新视角。事实上，选定“评价视角”不仅为评价指明方向，还设定了评价边界。可遵循以下原则。

（1）发展性原则

此原则直接针对合作学习评价设定。发展性原则将学生学习历程视为持续变化过程，高度重视学生独特性并关注其成长，此乃合作学习评价的核心原则。

（2）小组评价与个人评价相结合的原则

合作学习最终评价应综合体现小组与个人成绩，遵循小组成绩与个人评价直接关联原则，有助于增强小组凝聚力与维护个人责任感。

（3）过程性评价和终结性评价相结合的原则

评价时，不仅要关注小组成员及小组整体在合作学习中的表现，还需纳入最终测试得出的终结性评价。采用双重评价方法有助于团队成员和小组成员从多角度了解自身，进而进行自我反思与改进，实现个人成长与进步。

（4）量化评价和质性评价相结合的原则

量化评价主要通过得分与等级完成，是常用评价手段；质性评价主要是描述性评价，需通过观察、记录与访谈等多种方式实施。质性评价反映了对学生在非学术领域的深度关怀，此关怀对学生的人格发展至关重要。因此，在合作学习评价中，人们亦将此作为核心原则融入评价体系。

这些评价原则既有基于基本目标的，也有基于评价主体的，还有基于实际操作性质的。多重评价原则从不同角度提出，共同确保合作学习目标得以实现，推动学生全面发展。

3. 关注评价不同主体产生的效用

在合作学习评价中，评价主体涵盖小组成员、全体成员及教师三大类别。各评价主体从不同视角审视同一合作学习活动，因而产生的效果存在差异。进行合作学习评价时，需综合思考多种评价方法的实际效应。

4. 把握不同评价的具体操作方法

在多种评价方法的共同作用下，教育专家正致力于探索更具综合性和实用性的高中语文教学评价模式。该模式不仅要求全面评估个体能力，还需强调并促进小组间的集体协作活动。

二、合作学习在高中语文教学中的具体实施方法

依据教学规范，语文课程需兼顾学生身心发展规律与语文学科特性，关注学生个体差异及多元学习需求。应珍视学生的好奇心与求知欲，充分激发其学习主动性与进取精神，倡导自主、合作、探究式学习模式。教学内容的选择、教学方法的择定及评价体系的构建，均应服务于该学习模式的形成。基于高中语文教学合作学习实施现状与需求调研，借鉴国外合作学习前沿成果，人们将“K-W-L”合作学习法、“思考－组队－

共享”法及“文学圈”法引入高中语文课堂，以期通过这些方法促进深度思考与实践积累。

（一）“K-W-L”合作学习法在高中语文中的实施方法

名为“K-W-L”的教学方法被融入合作学习模式，并逐步应用于课堂教学。该教学方法不仅依托合作学习激发学生热情、促进交流互动，还能有效激发学生对已知知识、未知领域及学习路径的探索兴趣，进而明晰其认知发展路径。

1.“K-W-L”合作学习法简介

“K-W-L”是“Known（已知）-Want to learn（欲知）-Learned（已获）”的首字母缩写，由奥格尔提出。随着合作学习理念的推广，该方法逐渐演变为一种创新、高效且广受认可的学习方法。运用“K-W-L”合作学习法时，学生需明确阐述对特定主题的“K”类知识储备，并深入思考希望拓展的“W”类知识领域。随后，通过独立思考与小组协作，学生共同提炼出合作学习后的“L”类知识成果。

2. 明确“K-W-L”合作学习法在高中语文教学中的目标

在高中语文教学实践中，“K-W-L”合作学习法将统筹关注学生知识体系建构、团队协作能力培养及思维联结与发散能力发展。其一，该方法引导学生对特定语文议题的已知信息“K”、待探信息“W”及通过合作学习获取的信息“L”进行结构化梳理。此举旨在促进高阶思维策略的运用，帮助学生明晰知识“K”与“L”的关联性，实现知识的体系化建构。其二，在团队协作过程中，学生通过成员间的智力互动，将未知知识转化为已知储备，既体验协作效能，又通过知识输出协助同伴解决问题，从而达成个人价值实现与自尊提升，同时强化协作能力。其三，针对信息“W”的深度探究，不仅强化了学生间的思维联结与发散能力，更为创新思维培养创造了条件。综上，“K-W-L”合作学习法通过多维度协同，有效提升语文教学质量并促进学生语文素养的全面发展。

3. 设定“K-W-L”合作学习法在高中语文教学中的实施步骤

在课堂教学实施环节，教师运用“K-W-L”合作学习法前，须精选适配性学习素材。从高中语文教学特性出发，该合作学习模式尤其适用于应用类文本及技能型学习场景，如学生对内容有初步认识但尚未系统掌握的情况。例如，此方法可应用于说明文阅读、议论文立论角度分析及诗歌风格意图探讨等。学习内容确定后，可依据语文教学规律，按既定步骤推进教学活动。其步骤如下。

（1）教师发放专用表格。表格设计包含“K”（已知）、“W”（欲知）、“L”

（已获）三大模块，各模块预留充足填写空间。学生可选择黑板或幻灯片展示模板，并在笔记本上同步绘制。教师需说明各模块内涵及填写规范。

（2）教师明确学习任务。须清晰阐述本课主题，提供配套学习资料，并标注核心问题。教师可补充关联性学习素材，辅助学生唤醒既有知识储备。

（3）学生完成“K”模块填写。学生独立梳理教师提出问题的关联知识，并记录于“K”栏。

（4）学生完成“W”模块填写。在初步研读学习材料（如通读课文）后，学生自主提炼待解问题，并罗列于“W”栏。

（5）小组协作研讨。成员分享各自疑问，可补充新问题至“W”栏，并就问题解决方案展开深度探讨。

（6）班级研讨与教师介入。各小组展示未解问题，通过集体协作寻求答案，教师同步提供策略指导。对小组未能攻克或遗漏的问题，教师须提出针对性建议。

（7）学生完成“L”模块填写。在问题解决后，学生须将协作学习成果记录于“L”栏，包括小组问题的解答要点。

（8）教师实施过程性评价。教师可通过观察、测试等方式，综合检验学生的知识掌握程度。为保障学生的自主学习权，教师需引导学生开展自我提问，协助其系统化思维。

4. 进行“K-W-L”合作学习法的教学评价

在“K-W-L”合作学习模式中，通常采用质化评价机制。教师通过观察学生个体及小组合作过程，诊断其成员在任务执行、合作技能及表达表现等方面的优势与不足，并将评价结果纳入学生个人成长档案。鉴于该评价方式在多数中国高中语文课堂的应用局限性，研究者结合常规合作学习评价框架与“K-W-L”模式特性，提出以下优化策略。

（1）随机抽检小组成员，验证其个人及团队对核心知识点的掌握情况。

（2）组织优秀小组进行成果汇报，其他小组开展对照反思并提炼改进方向。

（3）设计 3—5 分钟课堂即时测评，采用前文所述合作学习评价体系中的评价标准。

（4）收集全体学生的“K-W-L”表格，通过教师批注或组间互评指出记录偏差。

教学实践中，教师可灵活组合运用上述评价方式。评价手段需与学习内容特性相匹配，针对议论文立论角度的探讨，随机抽查即可实现诊断目标；而说明文整体学习则适合通过短时测试进行综合评估。教师可根据教学主题自主调节评价方法的选择。

（二）“思考—组队—共享”法在高中语文教学中的实施方法

将“思考－组队－共享”教学模式引入高中语文课堂，旨在激发全体学生的深度思维活动，有效破解传统课堂中少数学生主导思考与回答的困境。该方法尤其适用于需个体独立完成具有挑战性的学习任务，其应用场景可贯穿课前、课中及课后全流程。

1.“思考－组队－共享”模式阐释

1981 年，莱曼团队提出该合作学习方式，其核心机制为：围绕特定主题提供思维素材，引导学生独立分析并表达见解，最终通过组内分享达成共识。长期实践表明，该模式能显著提升学生的思维品质与课堂参与度，确保每位学生对核心议题形成深度认知。

2. 明确“思考－组队－共享”法在高中语文教学中的目标

“思考－组队－共享”模式依托合作学习机制，旨在激发学生思维互动并弥补传统问答模式的局限，通过结构化设计实现教学效能提升。该模式针对传统课堂问答的两大核心缺陷提出系统性解决方案。

传统语文课堂问答存在两大弊端：其一，教师提问后仅少数学生获得表达机会，多数学生被迫沉默，长期导致思维钝化。而“思考－组队－共享”模式确保每位学生均需参与观点表达，有效强化思维与表达能力。其二，传统教学中教师给予的反思时间过短（通常仅 10 秒，最长不超过 1 分钟），且分配不均，导致学生难以深度思考。当教师转向思维敏捷的学生提问时，其他学生的思考被迫中断，长期抑制思维发展。这也是课堂发言学生常感压力的重要原因。

“思考－组队－共享”模式通过构建深度思考平台，鼓励学生在团队协作中系统化表达观点。在师生互动中，学生的思维边界得以拓展，甚至能提出更具创新性的见解。该模式在组织化框架内，通过外部任务驱动与内在动机培养，最大化激发学生的思维活力，最终目标是根据学生的思维发展规律推动全员素质提升。

3.“思考－组队－共享”法在高中语文教学中的实施步骤

“思考－组队－共享”教学法契合学生认知发展规律与现代教育理念，在实际语文课堂中具备操作简明性与规模化应用优势。具体实施步骤如下。

（1）将学生分成小组，分别编号为 1 到 4。

（2）教师给出讨论问题或任务，可以给出可参考的学习材料，也可以不给。

（3）给学生至少三分钟的独立思考时间进行“思考”。研究显示学生对教师问题做出回答的水平与这部分独立思考的时间显著相关。

（4）每个小组分别组成两个两人小组。教师可以根据他们的编号“组队”，如让编号 1 和 3 的小组成员组成两人组，编号 2 和 4 的组成另一组。

（5）两人小组就提出的问题或任务讨论，“分享”独立思考时自己的想法。

（6）组内两个小队间“分享”观点。

（7）随机叫几个学生发言，与全班同学“分享”观点。

在学生独立思考阶段，教师可引导学生将思考过程结构化呈现，以促进认知显性化。教学实施需注意一些技巧：其一，利用编号机制优化配对流程，规避非均衡组队引发的组间压力。其二，通过预留充分独立思考时间，为后续协作环节奠定认知基础。其三，建立限时发言规则（如每人 60 秒），当出现过度主导现象时，教师可适时介入平衡表达机会。可随机抽选学生代表小组发言，如指定某组 3 号学员，既能保证观点代表性，又能强化个体学习责任意识。

4. 进行“思考－组队－共享”法的教学评价

“思考－组队－共享”教学模式聚焦于学生内在思维活动的激发，其核心在于构建促进深度思考的外部环境。然而，思维活动本身具有内隐性特征，难以通过直接观测获取数据。因此，该模式主要依据学生表现出的外显能力指标实施教学评价，具体涵盖观点组织化表达水平、交流互动有效性、信息共享策略以及观点批判性吸纳能力等方面。此类评价通常依托教师课堂即时观察记录完成，通过捕捉学生在思维外化过程中的行为表现，间接推断其思维发展质量。

（三）“文学圈”法在高中语文教学中的实施方法

1.“文学圈”法简介

里克·诺艾提出的“文学圈”教学法，将学生划分为若干小组，围绕经典文学选段展开深度研讨。讨论内容以文本为基础，涵盖情节解析、人物性格剖析、创作背景探究及个人见解表达等多元维度。

2. 高中语文综合学习能力养成的“文学圈”法目标

“文学圈”模式通过文本研讨活动，系统达成语文听说读写与协作交流的融合目标。它具体可分解为三个方面：其一，培育批判性思维与阅读素养。该模式通过文本研读与观点碰撞，激发学生对文本的深度反思与记忆重构能力。其二，强化协作学习能力。在观点交互过程中，学生实现文本理解的立体化建构。其三，提升语文综合能力。通过深度讨论与拓展性写作，同步增强学生的口头表达与书面表达能力。

3. 设计适合高中语文教学的“文学圈”法操作流程

“文学圈”在文学与语言教育中具有广泛适用性，但具体形态受教师教学风格、学生特质及文本选择等因素影响，呈现动态适配特征。这种非标准化特性使其区别于传统的合作学习，每个实施案例均遵循自主演进路径。

4. 制定多层次的“文学圈”评价方法

“文学圈”法主要针对长篇经典文献的深度研读，因学生需投入大量时间进行文本阅读与资料检索，活动筹备周期通常超过两周，最长可达四周。鉴于活动周期较长且内容呈现多样性，传统课堂观察评价方式存在局限性。因此，实施“文学圈”评价需采用多主体、多方法的复合评价策略。下面从学生、小组、教师三个评价维度构建评价框架。

（1）学生自我评价机制

“文学圈”活动多在课外或自习时段完成，教师仅需在课堂或自习中提示进度并解答疑问。学生作为活动主体，对自身参与过程具有最直接认识。因此，评价体系应优先设置学生自评环节，以强化其反思能力。

（2）小组协同评价模式

小组评价通过集体研讨形成成果，旨在总结活动经验与改进方向，推动小组持续发展。该评价模式需建立标准化流程，确保评价结果的系统性。

（3）教师综合评价体系

教师既是评价主体又是核心评价对象，其评价置于第三位，旨在凸显学生主体地位。但教师评价仍具关键价值，既可深化学生对评价的认识，又能为教学改进提供依据。教师评价包含以下三个环节。

①核查学生自评、组内互评及小组自评结果，通过数据分析掌握学习动态，识别问题症结，为教学优化提供实证支撑。

②实施小组专项评价，鉴于“文学圈”组额较大导致组别数量有限，教师可实现全组别过程性观察，评价方法可参照合作学习小组常规评价标准。

③评价活动报告，要求提交文本理解分析报告或讨论总结，通过文本互动把握学生认知维度，形成评价关键数据。

“文学圈”法通过合作技能与语文素养的协同培养，系统提升学生听说读写能力、资料整合能力、批判性思维及结论提炼能力，同时培养经典文献深度研读习惯，形成综合性学习。尽管活动周期较长，但学生受益与投入呈正相关，经过多轮实践，可显著提升任务执行效率并优化时间管理。

第三节 高中语文合作学习案例分析

《林黛玉进贾府》作为高中语文课程体系中的典范篇章，源自古典文学巨著《红楼梦》，其文本特征表现为语言凝练典雅、人物谱系繁复、叙事场景恢宏，承载着深厚的文化积淀与多维的社会批判价值。传统讲授模式受限于单向知识传递路径，难以引导学生实现对文本的立体化认识，而合作学习通过构建协作探究机制，可有效激发学生的主体性参与意识，在知识建构过程中同步培育其团队协作、信息交互等关键能力。

一、教学目标

（一）知识与能力目标

学生能准确把握《林黛玉进贾府》中的人物形象、情节脉络和语言特色；学会运用合作学习中的交流与讨论技巧，提高文本解读能力。

（二）过程与方法目标

通过小组合作学习，经历资料收集、问题探究、成果展示等过程，掌握合作学习的方法，提升自主学习和团队协作能力。

（三）情感态度与价值观目标

激发学生对中国古典文学的兴趣，感受《红楼梦》的艺术魅力，培养审美情趣和人文素养。

二、合作学习具体过程分析

（一）准备阶段

1. 合理分组

教师会依据学生的语文素养、性格特征及表达能力等多维度因素，将学生划分为六个小组，每组包含五至六名成员。在分组时，需着重考虑各成员的优势互补性，以保障不同水平的学生均能在小组中发挥自身潜力。

2. 明确任务

教师为每个小组布置具体的合作学习任务。如：

（1）人物形象分析组

该组负责分析林黛玉、贾宝玉、王熙凤等主要人物的性格特点及其形象塑造方法。

（2）环境描写探究组

该组负责探究贾府的建筑风格、室内布置以及其他环境描写如何服务于主题表达与人物刻画。

（3）语言特色赏析组

该组负责深入分析文本中那些生动、形象且具有表现力的语言，并探讨其修辞手法与艺术感染力。

（4）情节梳理组

该组负责细致梳理林黛玉进入贾府的情节发展轨迹，并评估情节安排在人物塑造与故事推进方面的作用。

（5）文化内涵挖掘组

该组负责深入挖掘文本所反映的封建礼教、家族制度等文化内涵。

（6）对比阅读组

该组负责通过对比《林黛玉进贾府》与《红楼梦》其他相关章节，分析两者之间的异同。

3. 提供资源

教师为学生提供了丰富的学习资源，涵盖《红楼梦》原著、学术研究论文及影视资料等，并指导学生如何高效利用这些资源。

（二）实施阶段

1. 自主探究

小组成员依据各自分工，在课余时间自主研读各类文献资料，搜集相关参考资料，并开展初步的思考与分析。在自主探究阶段，学生记录下自身疑问与发现，为后续小组研讨做好充分准备。

2. 小组讨论

基于自主探究成果，各小组组织专题讨论活动。讨论过程中，组长承担组织协调职责，确保每位成员均能充分表达个人见解。小组成员相互分享观点，开展深度交流与思维碰撞，共同探讨并解决遇到的问题。以林黛玉角色分析为例，在人物形象分析小组中，成员围绕其性格特征展开深入讨论。部分成员认为其情感细腻丰富，另一些成员则强调其聪慧机敏特质。通过讨论交流，小组成员对林黛玉的角色形成更全面深入的理解。

3. 合作探究

针对小组讨论中发现的深度或争议性问题，各小组开展合作探究活动。成员分工合作，共同分析资料、梳理问题脉络并探索解决方案。以文化内涵挖掘组为例，成员围绕贾府封建礼教呈现方式开展合作探究，部分成员负责资料收集，部分成员负责整理分析，部分成员负责成果展示。

（三）展示阶段

1. 成果汇报

各小组推选代表进行成果汇报。汇报形式多样，如 PPT 展示、角色扮演、朗诵等。例如，人物形象分析组通过 PPT 展示了林黛玉、贾宝玉等人物的性格特点和形象塑造手法，并进行了生动的讲解；环境描写探究组通过角色扮演的方式，再现了贾府的奢华场景，让同学们更直观地感受到了环境描写的作用。

2. 互动交流

在成果汇报过程中，其他小组的同学可以进行提问、质疑和评价。汇报小组的成员要对问题进行解答和回应，通过互动交流，进一步深化对文本的理解。例如，在语言特色赏析组的汇报结束后，其他小组的同学提出了关于修辞手法运用的问题，汇报小组的成员进行了详细的解答，双方在交流中共同提高了对文本语言的赏析能力。

3. 教师点评

教师对各小组的汇报进行点评，肯定优点，指出不足，并提出改进建议。教师还要对学生在合作学习过程中的表现进行评价，如参与度、团队协作能力、沟通能力等，激励学生不断提高自己的综合素质。

（四）总结阶段

1. 小组总结

各小组对本小组的合作学习过程进行总结，反思在任务完成过程中遇到的问题和解决方法，总结经验教训，为今后的合作学习提供参考。

2. 全班总结

教师组织全班同学进行总结，回顾本次合作学习的目标、过程和成果，强调合作学习的重要性和意义。同时，教师引导学生将合作学习的方法和经验迁移到其他学科的学习中，培养学生的自主学习能力和团队协作精神。

三、案例效果

（一）学生方面

1. 知识掌握更扎实

通过合作学习，学生对《林黛玉进贾府》的人物形象、情节脉络、语言特色等有了更深入的理解和掌握，能够准确分析文本中的各种要素。

2. 能力得到提升

学生的自主学习能力、团队协作能力、沟通交流能力、问题解决能力等得到了有效锻炼和提高。在合作学习过程中，学生学会了如何与他人合作、如何表达自己的观点、如何倾听他人的意见。

3. 学习兴趣增强

合作学习的形式新颖有趣，激发了学生的学习兴趣和积极性。学生在小组讨论和成果展示中感受到了学习的乐趣，更加主动地参与到语文学习中来。

（二）教师方面

1. 教学观念转变

通过本次合作学习实践，教师深刻认识到合作学习在语文教学中的重要作用，教学观念得到了转变。教师更加注重学生的主体地位，注重培养学生的自主学习能力和创新精神。

2. 教学方法改进

教师在合作学习过程中不断探索和改进教学方法，提高了自己的教学水平。教师学会了如何有效地组织合作学习活动，如何引导学生进行深入的思考和讨论，如何对学生的合作学习进行评价和反馈。

第七章　基于课程标准的高中语文探究式学习教学方法

第一节　探究式学习基础理论

一、探究式学习的内涵

探究式学习作为现代教育理念的核心范畴，其定义尚未形成统一共识。施瓦布从知识建构视角提出，“探究式学习”是学生通过主动参与知识生成过程，形成科学探究能力并建立自然认知框架的学习方式，其本质在于培养主体性的科学认知态度。该理论奠定了探究式学习以知识建构为基础、以科学观念为内核、以探索精神为驱动的认知逻辑。

我国一些学者也对探究学习进行了研究，并给出了不同的定义。如郑金洲认为探究式学习是学生运用探究的方式进行的学习过程和活动，也就是学生在教师的指导下，主动地发现问题，以一种类似科学研究的方法对问题进行分析和研究，从而解决问题和获得知识的过程和活动。张德银认为探究性学习是指在教师的指导下，以发现、发明的心理动机去探索，去寻求创新性解决问题的方法；以类似科学研究的方式获取知识，应用知识解决实际问题，从而在掌握知识内容的同时，让学生体验、理解和应用科学方法，培养创新精神和实践能力。徐学福认为所谓探究式学习，是指学生在教师指导下，为获得科学素养以类似科学探究的方式所开展的学习活动。高凌飚、张春燕则认为探究性学习是人们在总结发现式学习和有意义学习的经验基础上提出的一种以学生自主探究为主的学习方式。

尽管上述定义存在理论分野，但均揭示了“探究式学习”的核心特征。综合分析可见，

“探究式学习”的本质特征主要体现在三个方面：“学习内容”、“学习过程中的师生关系”以及“学习目的”。这些差异化的定义视角，为深化“探究式学习”的理论认知提供了多元参照框架。

因此，我们持有这样的观点：探究式学习作为当代教育改革的核心理念，其本质是构建以问题解决为导向的认知发展路径。该模式以从问题或任务层面切入，在教师的引导下，促使学生借助自我探究的途径，进而掌握知识与技能，提升各项能力，并培养相应能力与情感体验。以下是关于这一概念的详细阐释。

第一，探究式学习以问题为导向，主要围绕着问题（或专题、主题）的提出和解决来组织学习活动，因此，“问题”是学生学习的载体。探究式学习以问题作为认知活动的核心载体，通过结构化的问题设计实现知识生成与思维进阶。这些问题既可以由教师来提出，也可以交由学生自主决定；问题内容既可以针对教材知识进行进一步拓展与深化，也可以围绕自然和社会现象展开深入探究；问题性质既可以是侧重于思维层面的纯粹思考类，也可以是注重实践动手的实际操作类；问题指向既可以是已被验证的既有观点，也可以是尚未涉足的未知知识领域。

在学科教学活动中，教材被看作课程实施的关键参照与工具；而在探究式学习里，问题则构成了学生学习的核心要素。当我们以问题作为核心导向时，意味着在探究式学习过程中，首要关注点应聚焦于“学生所遇到的问题”。一方面，通过深入挖掘学生真正关注和感兴趣的话题，可以引导学生先围绕这些话题开展自主的、非预设引导的探索活动；另一方面，问题导向的探究式学习核心目标并非不假思索地得出知识结论，而是要培养基于一定知识储备的开放问题意识，即构建一个多元开放的问题审视视角。从某个层面来说，探究式学习就是引领学生直面他们对于世界、社会和生活所萌生的各类问题，这些问题饱含着他们的好奇、困惑与探索热情。借助这种虽有限制却成效显著的学习方式，学生能够拓展对世界各类问题的探索维度，并收获创新性运用与处理知识的能力及智慧。

第二，探究式学习过程中的师生关系体现着“教师主导、学生主体”这一基本精神。探究式学习构建了“教师主导—学生主体”的二元互动结构。学生的主体性体现在三个方面：自主权，涵盖选题自由、方法选择及成果表达；创造性，表现为个性化知识建构与批判性思维发展；现实性，指向真实问题解决与跨情境迁移能力。在这一过程中，教师的职责是为学生给予积极且有效的指导，充当协助者的身份，而非越俎代庖替学生完成任务。这种让学生自主开展学习的方式，和传统教学中学生被迫与现实生活世界相割裂的学习模式存在显著区别。唯有采用探究式学习方式，才能与学生在好奇心驱使下开展的那种缺乏规划、盲目随意、效率低下甚至无效的探索活动区分开来。事实上，在学生开展探究活动时，观察、思考、推理、预测以及实验等所有环节，学生都难以独自完成，所以在关键节点上，教师要提供必需的指导与建议。

第三，从学习目的角度分析，经历探究过程以收获理智情感体验、构建知识体系、掌握解决问题的方法，是探究学习要达成的三个目标。在以往的学习过程中，学生的学习聚焦于积累更多知识。在我国基础教育体系里，尤其是系统学科知识的学习方面，学生在实际生活场景中解决问题的能力普遍偏弱，而且学生的动手实践能力与知识储备量之间并未形成正相关关系。这种学习方式显然无法契合我国素质教育的标准，也难以满足培养学生创新思维的时代要求。探究式学习致力于彻底打破学科界限，转变为一种以问题为核心、持续探索未知领域的综合性学习方式。其核心目标不仅在于助力学生掌握全面的学科知识，更关键的是，让学生在实际或特定情境中，能够综合运用所学知识与能力去界定、辨认、剖析、解读问题，并最终找到问题的解决方案。此外，探究式学习的另一核心目标，是为学生营造一种积极投入、亲身参与并自主探索的学习体验。激励学生主动融入探究式学习的完整流程，能够激发他们的探索欲望，为其带来积极的情感体验。所以，探究学习的过程也可视作一种情感层面的活动。

二、探究式学习的特征

（一）问题性

现代教育研究证实，学习活动的根本驱动力源于问题本身而非单纯感知。问题作为认知活动的逻辑起点，既是知识建构的催化剂，也是思维创新的生长点，更是能力发展的载体。当学生无法识别问题时，其思维活动往往停滞于表象认知层面，难以实现深度学习。探究式学习以问题为纽带，要求学生主动将问题转化为认知工具，通过问题发现、提出、分析、解决的完整链条组织学习，逐步形成持续性的问题意识，使思维始终处于质疑、探索、反思的动态平衡状态。这种状态既能激发认知动力，又能维持学习热情，最终实现从被动接受到主动建构的知识转化。

探究式学习模式包含双重问题逻辑：一方面，问题驱动学习，通过设置认知冲突点激活思维潜能，使问题成为贯穿学习全过程的组织线索；另一方面，学习反哺问题生成，在知识建构过程中不断产生新问题，形成“学习—问题—新学习”的螺旋上升机制。

优质问题应具备三重特性：真实性（关联学生生活经验与现实世界）、开放性（提供多元解决方案）、挑战性（处于最近发展区）。真实问题源于日常生活情境与社会现象，其解决过程能培养批判性思维与实证精神；反之，脱离实际的问题易导致探究活动流于形式，削弱学生的探究意愿。

为保障探究质量，教师需引导学生基于生活经验提炼问题，既要避免问题过于空泛导致认知迷失，也要防止问题过于具体限制思维延展。这种双向互动的问题生成机制，既强调问题作为学习支架的功能性，又注重学习过程中问题意识的持续培养，最终实现从问题解决到问题生成的认知闭环。

（二）生成性

探究式学习作为以“问题驱动”为核心的学习方式，展现出突出的创造性特征。在探究过程中，教师并非遵循预设知识体系单向传递信息，而是基于师生既有认知经验的交互碰撞，共同发现并界定问题，通过知识协同建构形成解决方案。这种学习模式要求教学内容突破教材框架束缚，依据具体教学情境动态生成，既保持教学过程的开放性又维持认知张力。在探究实践中，教师角色发生根本转变，从知识权威转变为平等对话者，以理性思维、情感投入与智慧启迪参与深度问题情境的共创，使教学过程成为师生共同构建认知的生成性实践。

生成性特质使得探究式学习对于教师与学生而言，始终蕴含着超出预期的魅力（并非一开始就能预知结果走向）。这种源于师生思维碰撞所产生的吸引力，持续对教师和学生的知识储备与智慧水平发起挑战，推动师生的潜能于充满挑战性与激励性的教学氛围中不断迸发与展现。倘若学习过程缺乏创造性，便无法将其认定为探索性学习。

（三）开放性

探究式学习的核心特征之一在于其开放性。由于探究主题多源于学生的真实生活情境，课程实施需整合教材、教师资源及社会资源，导致学习路径与方法呈现多样化特征，最终探究成果在内容与形式上均存在差异。这种特性打破了传统学科教学的封闭边界，构建了充满活力、开放多元的学习生态。开放的学习环境不仅重构了学习空间与内容，更拓展了知识获取渠道，促使学生主动关注现实社会、深化生活体验。

（四）自主性

探究式学习的显著特征是教师不直接传授预设知识与方法，而是通过创设探究情境促使学生自主建构认知体系。在此过程中，教师需重点激发学生的探究动力，引导其开展深度思考，推动学习过程的自主推进。这一转变要求教师从知识传授者转变为学习促进者，聚焦于学习环境的营造与探究动力的激发。但这并不意味着教师角色的弱化，探究式学习仍需教育者的专业引导。有效的教学实践需平衡“引导”与“自主”的关系，既要充分释放学生的主体性，又要提供必要的支持性干预，以此培养学生的探究精神与创新能力。

第二节　探究式学习的教学管理原则

一、主体性原则

主体性教育理念主张，教育的核心目标在于培养、发展并弘扬学生的主体性。教育的本质内涵，是教育者借助特定的教育手段与方法，将人类积累的珍贵科学文化知识内化为学生的道德素养、能力水平与智慧力量，进而把社会的精神财富转化为学生的主体性特质。显然，主体性教育理念在教育目标设定与教育过程推进中，均着重强调了人的主体性的关键地位，使其在教育领域中占据着突出位置。实际上，任何教育与教学活动都离不开学生的主动投入与自我驱动。教育者的职责并非仅局限于知识的传递，更为关键的是，在整个教育与教学过程中，要充分激发并调动学生的主动性、自主性以及创造力，以此培养学生的探究精神与能力。

探究式学习是一个涵盖多方面、多途径、多方法的复杂过程，它要求我们开展观察与思考、提出问题、设计探究方案、依据证据验证假设、给出答案、做出解释与预测，并与同学交流探讨探究成果。倘若没有学生的积极参与，上述活动便无法顺利开展。此外，探究式学习也是一场解决认知矛盾的学习之旅，它要求学生持续不断地进行观察、思考与实验性探究。若学生缺乏对探究的热情，探究活动便难以持续推进。探究式学习让学生成为教育过程的核心参与者。在传统学习模式下，学生被视作尚未完全成熟的个体，难以胜任挖掘与创新知识的任务。然而，探究式学习给予学生更多信任，认为他们在一定程度上具备主动探索、揭开世界奥秘的能力，能够挖掘并创造知识。因此，探究式学习鼓励学生在选择学习主题、确定学习策略、制订并实施学习方案、评估学习成果等环节发挥自主性，对学生能力秉持坚定信任，这无疑会激励他们在探索之路上取得更大进步。

在开展探究式学习的课堂管理工作中，教师需要格外注重激发学生对问题情境或研究内容的兴趣与动力，为学生提供自我探索与创新的机会，从而最大程度地发挥学生的主观能动性。

二、情境性原则

建构主义认为，真正的知识并非单纯由教师传授，而是学习者在与所处环境相互作用的过程中，借助同化、顺应和平衡机制逐步构建自身认知结构的过程。受行为主义学习理论以及以学科为中心的课程观影响，传统课堂教学将知识看作脱离实际情境的纯文本内容，倾向于采用直接讲授的方式传授给学生，进而忽视了学习情境的创设。

探究式学习的重要目标之一是培养学生敢于批判、质疑的探究精神。不过，敢于质疑并非对所有事物都盲目怀疑，而是要以事实为依据。学生只有在解决实际问题的过程中，才能培养出这种精神。脱离学生实际情况、单纯进行抽象技能训练的方式，只会抑制他们的探索兴趣，根本无法真正培养其探究精神。为激发学生对探究的热情，教师需要深入了解学生关心和感兴趣的问题，将真正源于学生、与学生生活和社会实际紧密相连的议题融入课堂教学。首先，要对学生关心的问题展开深入调查、统计与分析，这能为设计课堂教学时选择和安排研究主题提供重要参考；其次，每堂课都应预留一定的“自由探究时间”，让学生深入探讨他们主动提出的问题；最后，根据学生的即时兴趣，教学内容有时可进行适当且及时的调整。

在进行课堂管理时，教师应通过构建问题情境、真实生活情境、实验探究情境等多样化的教学环境，激发学生的探究欲望。这种方式不仅能强化学生对知识结构的重塑与改进，还能保障学生对知识意义的建构，并提升他们发现和解决问题的能力。它将学生带入具体的问题情境，进而激发了学生对探究的热情。

三、开放性原则

探究式学习最为显著的特征便是其开放性。探究式学习的核心目标在于培养学生的问题发现与解决能力，这与传统的主要依靠纯文本知识的学习方式在本质上有着明显区别。它的目标是将学生置于一个更具活力、更为开放且多样化的学习环境里。教育心理学研究表明，思维定式、功能固着等因素都是影响问题解决的关键要素。封闭的课堂、刻板的教学内容、固定的教学方法以及单一的标准答案等，都可能促使学生形成固定的思维模式，进而降低思维的灵活性与流畅性，最终对创造性思维的发展产生阻碍。相关研究进一步证实，思维过程必须基于丰富的信息，观念的流畅性、变通性与创新性均与信息的数量紧密相关。只有课堂保持开放，才能容纳海量信息，并确保这些信息在教师、学生、教材和媒体之间实现合理且高效的传递，从而为创新思维的成长搭建起必要平台。此外，在当今这个快速变迁的现代社会中，学生不仅需要掌握作为社会重要资源的信息，还要学会筛选出有价值的信息。唯有在开放的课堂环境下，学生才有充分机会开展深入的交流、讨论与辩论，进而培养出不迷信书本、不盲从教师、不依赖权威、敢于质疑且具备批判性思维的品质。

因此，在课堂管理中，语文教师不应过度干预学生的探究活动。相反，教师应充分激发学生的主观能动性，为他们营造一个自由创造的空间。教师要鼓励学生走出课堂，广泛搜集信息与资料，充分利用图书馆、实验室、科研机构的资源优势，通过多种渠道和多个方向开展开放性的探究活动，让学习过程成为学生的发现与创造过程。当然，开放性并不意味着放任自流，这要求教师更全面地评估学生的学习情况以及教学内容的复杂程度，同时也要更精准地设计教学方案。

四、合作性原则

维果茨基作为社会建构主义理论家，认为建构主义学习应被看作一种具有社交性和交互性的合作学习模式。知识并非仅由个体在与物理环境交互中构建，社会性互动更为重要。人的高级心理功能发展实际上是社会性互动逐步内化的结果。每个人都是依据自身经验来构建对事物的认知，加之每个人所处生活世界的复杂性，以及每个认知者独特的认知构建方式，使得不同个体只能体验和理解事物的不同方面。在开展语文教学时，应鼓励学生突破个人经验与理解的局限，去观察与自己观点相异的事物，深入探究事物的其他层面。特别是在科学探究活动中，学生在基本假设、信息收集、方案设计、数据采集、体验以及最终结论得出等多个环节，都可能存在一定程度的局限性。因此，在课堂管理过程中，必须高度重视学生在探究过程中的合作与交流。如此一来，学生在分享自身研究方法与成果、交流探索体验与感受、倾听他人研究经验时，能够进行客观的对比与评价。这样，他们便能从多个角度优化自身经验与理解，实现优势互补，进而丰富自己的探究成果与收获。这不仅有助于学生全面理解问题，还能帮助他们从不同视角构建事物的意义，推动知识的广泛传播。此外，这也有利于培养学生的团队合作精神与评估能力，为其未来的社会交往与合作筑牢根基。

探究式学习主要是围绕解决问题展开的活动，这些问题通常具有综合性和复杂性，所以学生需要借助集体力量，进行有效的分工与合作。在学生的探究学习过程中，教师不再仅仅是知识的调解者或课堂的主宰者，而是转变为学生探究学习活动的支持者、指导者与合作伙伴，与学生建立起平等的关系。当学生在探究过程中遇到各类问题时，教师不应急于求成，而应给予学生充分的信任与肯定。教师应鼓励学生充分施展自身智慧与才能，让他们通过探究来发现问题的内在规律。在教师的引导下，学生能够逐步积累探究经验，掌握探究方法，提升探究能力。

在进行课堂管理时，教师需要充分尊重学生的个性与选择，努力营造和谐的师生关系。教师应深入了解学生的内心世界，关注并了解他们的思维发展，尽量减少对学生的统一约束与要求，鼓励学生参与各类探索活动，并支持他们选择独特的探索路径。作为教师，除了要包容学生的错误行为，还应大胆鼓励学生勇于尝试犯错。只有经历过错误检验的学生，其研究能力才会不断增强。教师应致力于在“教师一学生”和“学生一学生”之间营造一个自由、平等的环境。

学生不仅通过集体讨论来解决问题，还在讨论过程中发现新的问题。因此，在深入管理探究学习的过程中，教师完全有能力创造更多机会，引导学生在学习过程中开展探究以解决问题，鼓励学生亲自动手、动脑，实现相互合作，采用多种方式方法进行合作探究。在这一教学环节中，语文教师可以先用几分钟时间对难题进行综合分析，然后引导学生开展合作探究。探究方式可以包括学生之间的深入探讨、小组的集体研讨，甚至整个班级的集体讨论，也涵盖教师与学生之间的相互研究。可借助对话、辩论、答辩等多种形式，充分运用学生的学术探究能力，发挥他们集思广益、思维互补、思维开放、分析深刻、各抒己见的特点，从而使问题的结论更加清晰准确。在此情况下，教师需要具备开阔的视野与倾听能力，以便随时为学生提供指导与建议，共同解决各类问题。

第三节　探究式学习的语文教学策略

一、探究式学习的课堂教学设计

高效的课堂教学与精心设计的课堂流程具有紧密的内在关联。针对探究式学习课堂的设计，需从制定探究目标、创设问题情境、设计探究方案等方面展开系统规划。

（一）制定探究目标的策略

探究目标的本质是预先设定的预期成果体系，其实现过程体现为学生在知识、技能、思维、情感及行为模式等方面的综合转变。作为探究教学的逻辑起点与终点，目标设定是教学设计中的首要任务。明确的目标体系具有三方面的功能：其一，目标导向功能可消除探究活动的盲目性，使学生聚焦核心任务并有效屏蔽无关干扰；其二，目标激发功能通过激发认知期待，既唤醒探究动机又明确实践方向，同时为经验反思提供参照框架；其三，目标整合功能作为探究要素的联结纽带，通过协调各要素关系实现整体效能优化。

探究式学习也不例外，它的学习目标与其他学习目标一样，都服务于总的课程目标。因此，探究目标的设定必须以学科知识体系、学生的实际情况、课程资源的实际情况为依据。

1. 学科知识体系

探究目标的设定需建立在对学科知识体系的系统性解构基础之上。这要求教育者具备结构化思维，通过概念图谱、知识树等可视化工具，解析学科内容的层级关系与逻辑脉络。这种解析既要关注知识节点的深度挖掘，又要把握知识网络的广度延伸，确保探究活动既能聚焦核心概念，又能辐射相关领域，形成联动的知识建构体系。

2. 学生的实际情况

探究的本质是学生与知识情境的动态互动，这要求教育者构建多维度的学生分析模型。该模型应涵盖认知发展水平（如皮亚杰认知发展阶段理论）、学习风格偏好（如VARK 量表）、元认知能力（如计划、监控、调节策略）、情感态度特质（如科学探究兴趣量表）等方面。通过标准化测评工具、课堂观察记录、学习档案袋分析等混合研究方法，教育者可绘制学生特征图谱。特别需要关注个体差异的动态变化规律，这些将直接影响探究目标的适合性设计。

3. 课程资源的实际情况

由于探究是一个开放性的过程，因此，课程资源是探究式学习顺利进行的重要保证，也是影响探究目标制定的重要因素。因此，在制定探究目标时，教师要分析学校和社区的资源情况、教师自身的教学特点和水平，以保证探究目标的实际可操作性。

（二）创设问题情境的策略

探究式学习在语文教学中本质上是一种以解决问题为导向的学习模式，问题贯穿整个学习流程，是核心要素与关键驱动力。因此，为了点燃学生对语文知识、文学世界以及人生的热爱，创设与语文研究主题相关的问题场景，在教学内容与学生的求知欲之间制造适度的障碍与疑虑，促使学生进入一种充满“求知欲”与“探索的热情”的状态，进而激发他们的探索欲望，这是语文探究式学习中最关键、最首要的一步。

在语文探索性学习过程中，我们可以采用以下方法来构建问题场景。

其一，借助学科间的横向联系创设问题情境。

引入其他学科中相关的事实与资料，能够营造出饶有趣味的问题场景。例如，在讲解古诗词中关于自然景象的描写时，我们可以结合地理学科中关于季节、气候、地貌等知识。以王维《山居秋暝》中“空山新雨后，天气晚来秋。明月松间照，清泉石上流”为例，从地理角度分析秋季的气候特点如何影响山间的景色，以及这种自然环境与诗人所表达的情感之间的关联，引导学生深入理解诗词中自然景象描写所蕴含的意境和情感。

其二，通过日常概念与语文概念的矛盾冲突创设问题情境。

学生在日常生活中逐步形成了自己的认知观念，即日常观念。日常生活中的概念与语文概念有时一致，有时存在冲突，甚至相互对立。分析日常概念与语文概念之间的冲突，能够激发学生对语文研究的浓厚兴趣。比如，在日常生活中，人们常说“太阳是红色的”，但在语文的文学表达中，太阳可能被描绘成“金黄的”“火红的”“橙红的”等多种色彩，甚至在一些诗词中会用“白日”来形容太阳。这种日常认知与文学表达之间的差异，正是激发学生探索欲望的核心力量。教师可以引导学生思考为什么文学中会有这样多样化的表达，这些表达背后蕴含着怎样的情感和意境。

其三，利用多媒体创设问题情境。

多媒体能够借助连续的声音与视觉效果进行呈现，能让学生产生身临其境的体验，从而点燃他们的学习热情。所以，在设计语文探究式学习的教学方案时，可运用多媒体手段构建问题场景，以激发学生的主动参与意识。例如，在讲解《红楼梦》时，可以播放电视剧《红楼梦》中的经典片段，让学生直观地感受小说中的人物形象、场景氛围和情节发展。然后提出问题，如“电视剧中的形象与你阅读小说时在脑海中想象的形象有何不同？”“从视觉和听觉的呈现中，你对小说的主题有了哪些新的理解？”等，引导学生深入思考小说与影视改编之间的关系。创设问题情境的方法多种多样，且不同的情境创设方法之间可以相互借鉴、灵活运用。教师有多种途径来设定问题，包括但不限于通过讲述故事、开展模拟表演、展示视觉图像、播放音视频以及组织各类活动等方式。

其四，通过精心设计的课堂讨论创设问题情境。

通过讨论来激发学生的思考，是一种极为高效的教学手段。在语文教学过程中，可以利用学生对特定语文问题的不同观点所产生的矛盾与冲突，引导学生展开深入讨论，并以此构建问题情境。鉴于学生在讨论中往往强烈渴望得到认同，教师在鼓励他们充分表达观点的同时，也应适时引导他们冷静分析问题，从多个角度去理解问题。例如，在讨论《祝福》中祥林嫂的悲剧命运时，有的学生可能认为祥林嫂的悲剧主要是封建礼教造成的，而有的学生可能认为她自身的性格弱点也是重要因素。教师可以引导学生就这两种观点展开讨论，让他们在交流中深化对作品主题和人物形象的理解。

综上所述，问题的背景环境对学生的语文学习有着显著影响。在课堂设计过程中，教师需要对语文教材进行深入剖析，并结合学生的认知特点和心理特征，精心设计合适的问题场景。如此一来，既能激发学生的学习兴趣，又能激活他们的思维活动，进而培养和提升他们发现与解决语文问题的能力。

（三）设计探究方案的策略

探究方案作为语文探究学习的指导原则，是决定探究学习能否成功的关键因素。所以，在设计教学方案时，不仅要遵循语文探究的基本流程，还要依据具体情境的实际需求来开展。具体而言，我们可以结合文本分析、文学史料、日常生活经验、实地调查、文献资料查阅等多种途径来设计探究方案。

1. 借助文本分析开展探究

语文离不开对文本的深入分析，开展语文的探究和学习必须依靠对文本的细致解读，否则就无法将文本的表面意义与深层内涵紧密结合，建立深刻的联系，也就难以形成学习语文的思维方式。在文本分析探究过程中，学生的阅读理解能力、批判性思维能力、审美鉴赏能力等多方面素质都能得到培养，让学生在学习中实践、在实践中学习，在“品语文”的探究实践中养成终身学习的意识和能力。例如，在分析鲁迅的《阿 Q 正传》时，教师可以引导学生从人物的语言、动作、心理等方面入手，分析阿 Q 的性格特点和精神胜利法的表现，进而探讨作品所反映的社会现实和主题。

2. 运用文学史料进行探究

文学的历史资料详细记载了文学从萌芽到发展，再到繁荣的历程，这对语文教学而言有着不可忽视的重要意义。

语文教材中所蕴含的文学作品、文学观念、文学理论等，不仅是人类知识的精华，具有极高的文学价值，还深刻记录了人类思维的轨迹，具有深刻的思想和文化内涵。众多文学家的真知灼见构成了文学宝贵的精神财富。由于学生对文学家和文学怀有深深的敬意与敬畏，他们能从文学的历史资料（尤其是文学家的创作历程和思想演变）中汲取文学的精髓、探索的动力和学习的灵感。在设计探究方案时，我们必须高度重视文学历史知识的灵活运用，确保学生能从丰富的文学历史资料和杰出文学家的思维中获得学习的启示与思考的方向。例如，在研究李白诗歌的风格特点时，可以查阅相关的文学史料，了解李白所处的时代背景、人生经历以及他的文学交往，从而更深入地理解他的诗歌中豪放飘逸、意境奇妙的风格成因。

3. 结合生活与生产实际开展探究

传统语文教学目标过于侧重语文知识的传授，忽视了课程内容与社会、日常生活的紧密联系。新课程改革旨在培养能够适应未来发展需求的高素质社会公民。研究如何将语文学习与日常生活、生产实践相结合，是达成新课程目标的关键学习策略。这种方式不仅能让学生更快、更深入地掌握和理解语文知识，还能让他们明白生活和生产中蕴含的语文元素。通过运用这些知识解决实际问题，学生能更好地理解语文知识在日常生活和社会生产中的重要性，培养他们运用语文知识和技能对文化现象、社会问题等进行解读和评估的能力，从而激发他们的学习兴趣和动机。例如，让学生观察身边的广告语、宣传标语等，分析其语言特点、表达效果和存在的问题，并提出改进建议。

4. 采用调查访问法进行探究

语文探究式学习在探究内容和方式上都体现出高度的开放性和综合性，仅在教室环境中很难找到有效的问题解决方案。因此，在探究式学习过程中，应高度重视调查和访问，特别是要向相关领域的专家、学者、作家等咨询，以获取关键的事实和数据信息。例如，在研究当地的民俗文化与语文的关系时，可以访问当地的民俗专家、文化传承人等，了解民俗文化的起源、发展、特点以及在文学作品中的体现。

二、探究式学习的内容选择

在探究式学习中，课堂内容即学生探究内容，不仅是达成探究学习目标的载体，也是挑选教学材料、规划教学环境与条件的关键依据。虽然探究式学习具备接受学习所没有的优势，但并非所有学习内容都适合采用这种学习方式。所以，挑选合适的研究内容就显得格外重要。

那么，该如何选择要探究的主题呢？我们认为，在选定探究内容时，要依据探究目标、学生的学习准备情况以及学习特点来开展，既要关注其科学性，也要重视其个性化与社会化特质，也就是要与个体生活以及社会生活紧密关联。因此，在选择探究内容时，除了语文教科书中已有的研究主题外，还应纳入一些与社会生活相关的问题，以及学生自身发现的问题。

语文教材方面。语文教材是对学科知识体系精心筛选后的成果，它为教师教学和学生学习提供了主要参考，具有很高的实用性。比如，经过课程革新的语文教材里，有大量内容值得深入探究。

与社会生活相关的问题。也就是选取社会生活中出现的各类现象与问题展开深入研究。

学生自己所察觉到的难题。学生在学习和日常生活中会产生许多新颖独特的想法，所以教师应当鼓励并引导学生对这些主题进行深入探究。

三、探究式学习过程的组织

在探究式学习过程中，虽然突出了学生作为学习主体的关键地位，然而因为学生自身在知识储备、经验积累以及能力水平上存在局限性，若没有教师积极介入并给予指导，学生很难取得理想的学习成效。只有教师熟练掌握有效的组织策略，用心规划教学的组织形式，同时精准把握最佳时机去引导和调控课堂氛围，才能切实推动探究性学习活动顺利开展。

更具体地说，探究式学习过程中的组织策略主要集中在以下几个关键领域。

（一）课堂纪律的保持

在一个由几十名学生构成的班级里，既要让学生开展自我探究，又要维持良好的课堂秩序，管理工作的难度可想而知。当教师独自承担管理任务时，往往会把主要精力放在纪律问题上，如此一来，就没办法给学生留出充足时间深入钻研知识，也难以保证语文教学任务能按时完成。要想把教师从繁重的管理事务中解放出来，一个有效办法是适当下放管理权限，鼓励全体学生参与到纪律管理中。教师可以和学生共同制定一系列管理规定，明确每位学生的职责与义务，实现学生之间的相互监督管理和个人的自我管理。心理学家马斯洛认为，人类的所有行为都源于需求驱动，其中最高层次的需求是自我实现，次之是对他人的尊重。当学生参与到自我管理和相互管理中时，他们会感觉到被尊重以及实现自我价值的机会。学生会更珍视这份权利，也更愿意遵守管理规定。如此一来，班级课堂教学就能做到“生动且有序”，教师也能有更多时间辅助学生学习，确保教学任务顺利推进。

（二）教学组织形式的安排

探究式学习通常是一种合作性质的活动，在这种活动中，学生主要以小组形式开展研究和学习。不过，在分组过程中，可能会出现积极参与者、消极被动者，甚至偷懒的人。为保证每个学生都有足够的参与机会，首先要控制小组规模。小组规模应根据学生的年龄、研究条件和性质来确定，教学过程中一般建议3~4个学生一组。接着，有策略地将小组成员编号为A、B、C、D。接下来在各类探究活动中，他们的角色，像操作、设计、记录、完成报告等，要进行轮换。过一段时间后，小组的成员构成也可相应调整。此外，在某些特定情况下，可安排全班学生和个别学生开展独立活动。例如，当学习目标或任务较为简单，学生个人努力就能完成时，应鼓励每个学生单独参与；当活动接近尾声进行经验总结时，则采用班级讨论的形式。所以，教育者要依据学习任务的具体性质和学习进度来规划教学组织形式。

（三）探究时间的安排

在实际教学过程中，教学时间对教学的组织架构、内容选择以及目标设定起着决定性作用。从这个角度看，对教学时间的管理和调配，在一定程度上等同于对教学活动的管理和调配。在进行课堂探究活动时，由于时间有限，教师有责任精确计算和规划每个探究环节所需的时间，以保证探究活动能顺利完成。

因此，在设计探究式学习时，教师要对每个具体的探究步骤有清晰的认识，能较为精准地预测每一步所需时间，并合理分配整体时间，加快探究活动的节奏，实现环节的自然转换，避免时间浪费。其一，要深入了解学生在探究知识和技能方面的准备情况，预测学生在每个步骤中可能出现的反应；其二，要对探究活动所需的学习资源等进行细致规划和准备，确保探究活动能按预定节奏顺利进行。

（四）合作与竞争的组织

探究式学习通常以小组形式开展，这种形式能培养学生的合作精神与能力。由于学生在年龄、心理成熟度和认知方式等方面存在相似性，在相互合作时会获得心理上的安全感，能更自由地表达自己的观点和想法，进而更容易激发思维活力和创新精神。然而，在培养学生的合作精神时，不仅要注重提升他们的合作技巧，还要强化他们的竞争意识和实际竞争能力。在恰当的时候，个体的行为和竞争能够促进合作学习。而且，在我们的日常生活中，竞争无处不在。所以，在探究式学习过程中，教师不仅要为学生营造合作交流、自由竞争的环境，还要精心设计合作与竞争的策略。

在合作与竞争的组织安排中，第一点是根据学生的个性和学习主题进行合理分组和任务分配，第二点是关于策略的讨论设计。

当教师组织小组进行交流讨论时，要特别注意以下几点。

首先，要做好引导性发言，明确讨论的目的和意义，培养学生的合作精神，让他们相互学习、取长补短。

其次，在讨论过程中，教师要及时且热情地鼓励发言者，并在合适时机通过恰当引导鼓励学生自由发言、表达观点。

再次，当学生遇到难题时，要迅速给予指导，保证讨论能顺利进行。

从次，当出现冷场、偏离主题或过度纠结细节而影响讨论时，教师要及时提醒学生，引导他们聚焦正题。

最后，当讨论接近尾声时，小组组长要认真做好小组总结，记录下未解决的问题。这样在教师指导下，可通过团队间竞争解决问题，营造“组内成员合作，组际成员竞争”的积极氛围。

第四节　高中语文探究式学习案例分析

《蜀道难》是唐代伟大诗人李白的代表作之一，全诗以雄健的笔触描绘了蜀道的艰险与壮丽，蕴含着深刻的人生哲理与历史感慨，是高中语文教材中的重要篇目。通过探究式学习，学生不仅能深入理解诗歌的艺术特色与思想内涵，还能培养自主学习、合作探究的能力，提升文学素养与批判性思维。

一、探究式学习目标设定

（一）知识与技能

学生能够准确朗诵并背诵《蜀道难》，理解诗歌的基本内容、艺术特色及创作背景。

（二）过程与方法

通过小组讨论、资料搜集、文本细读等方法，培养学生的探究能力与合作精神。

（三）情感态度与价值观

激发学生对古典文学的兴趣，体会李白诗歌中的豪放情怀与深刻哲理，引导学生形成积极向上的人生态度。

二、探究式学习具体过程分析

（一）导入阶段：激发兴趣，明确任务

1. 情境创设

教师播放一段关于蜀道险峻风光与历史文化介绍的短视频，结合地图展示蜀道地理位置，营造学习氛围。

2. 问题引导

提问“你眼中的蜀道是怎样的？李白为何要写《蜀道难》？”引发学生思考，自然过渡到课文学习。

3. 任务布置

分组确定探究主题，如“李白笔下的蜀道意象分析”“《蜀道难》中的夸张手法运用”“李白创作《蜀道难》的背景与动机”等，明确各组研究目标。

（二）准备阶段：资料搜集，初步感知

1. 自主预习

学生利用课余时间查阅资料，了解李白生平、创作背景及《蜀道难》的文学地位。

2. 文本细读

小组内轮流朗读诗歌，初步感知诗歌的节奏、韵律与情感基调，标记出难以理解的词句。

3. 资源整合

各组收集整理与探究主题相关的文献资料、学术观点，为深入探究做准备。

（三）探究阶段：深入分析，合作交流

1. 小组讨论

围绕探究主题，小组成员各抒己见，结合文本内容与搜集到的资料，进行深入讨论。例如，在分析“李白笔下的蜀道意象”时，可探讨“黄鹤之飞尚不得过，猿猱欲度愁攀援”等句如何通过夸张与想象，构建出蜀道的险峻意象。

2. 教师指导

教师巡回指导，参与小组讨论，适时提供学术视角与解读方法，引导学生深入思考，鼓励学生提出独到见解。

3. 成果初现

各组整理讨论结果，形成初步的研究报告或 PPT 展示材料，准备课堂汇报。

（四）展示阶段：成果分享，思维碰撞

1. 小组汇报

各组代表上台展示研究成果，运用多媒体手段辅助说明，如展示蜀道图片、地图、视频片段等，增强直观感受。

2. 互动交流

其他小组学生提问、质疑，汇报小组解答，形成良好的互动氛围。教师适时点评，肯定优点，指出不足，提出改进建议。

3. 观点整合

在交流过程中，引导学生发现不同观点之间的联系与差异，促进思维的碰撞与融合，形成对《蜀道难》更为全面、深入的理解。

（五）总结阶段：反思提升，拓展延伸

1. 教师总结

回顾探究过程，总结《蜀道难》的艺术特色、思想内涵及学习方法，强调探究式学习的重要性。

2. 学生反思

学生撰写学习反思，总结自己在探究过程中的收获与不足，提出改进措施。

3. 拓展延伸

布置课后作业，如撰写《蜀道难》读后感、创作以“蜀道”为主题的诗歌或散文、比较阅读李白其他作品等，鼓励学生将探究成果转化为个人创作，进一步深化对古典文学的理解与热爱。

三、探究式学习反思

通过本次《蜀道难》的探究式学习，学生不仅掌握了诗歌的基本知识与鉴赏方法，更重要的是学会了如何自主探究、合作交流，培养了批判性思维与创新能力。同时，教

师在指导过程中也深刻体会到，探究式学习需要教师具备更高的专业素养与引导能力，要善于创设情境、提出问题、组织讨论、引导反思，为学生搭建起一座连接知识与实践的桥梁。未来，应继续探索更多适合高中语文课堂的探究式学习模式，让古典文学的魅力在新时代绽放新的光彩。

参考文献

[1] 陈爱华 . 语文如花花入心：传统文化视域下“融 · 悦”教学思与行 [M]. 福州：福建教育出版社 ,2025.

[2] 杨杰 . 视域融合下的高中语文阅读教学研究 [M]. 西安：陕西师范大学出版总社有限公司 ,2025.

[3] 薛法根 . 为学习而设计：以任务驱动语文单元整体教学 [M]. 北京：中国人民大学出版社 ,2025.

[4] 贡如云 . 语文教学新论 [M]. 南京：河海大学出版社 ,2024.

[5] 潘庆玉 . 语文课程与教学论 [M]. 北京：高等教育出版社 ,2024.

[6] 罗燕 . 理解与意义：语文教学的哲学诠释学研究 [M]. 北京：社会科学文献出版社 ,2024.

[7] 朱明英 . 活动式语文教学 [M]. 武汉：长江文艺出版社 ,2024.

[8] 周华章 . 学教评一体化的情慧语文教学 [M]. 广州：中山大学出版社 ,2024.

[9] 沈国全 . 高中语文任务群教学设计与实施 [M]. 上海：上海教育出版社 ,2024.

[10] 黄福艳 . 语文教学技能训练 [M]. 成都：西南交通大学出版社 ,2024.

[11] 李希艳，张海莲，王志强 . 高中语文教学与教育思维创新 [M]. 北京：线装书局 ,2023.

[12] 刘洋 . 高中语文教学及其“学历案”的设计运用 [M]. 长春：吉林文史出版社 , 2023.

[13] 崔嵘 . 基于单元的语文教学设计研究 [M]. 北京：中国友谊出版公司 ,2024.

[14] 李德芹 . 课堂，与美相遇的地方：高中语文教学追求 [M]. 上海：华东师范大学出版社 ,2024.

[15] 李丽，杨丽丽，姜华 . 高中语文教学方法探究 [M]. 长春：吉林文史出版社 , 2023.